APRENDA VISUAL BASIC (VBA) Y MACROS PARA EXCEL

Autor: Josep Ramon Vidal i Bosch

Diseño gráfico de portada y contraportada: Asnate Cirule

Obra registrada en el Registro Territorial de la Propiedad Intelectual de Murcia
(Av. de la Fama, 15, 30006 Murcia).

APRENDA VISUAL BASIC (VBA) Y MACROS PARA EXCEL

Más de 100 ejercicios resueltos, macros y juegos, para desarrollar tus habilidades de programación

Josep Ramon Vidal i Bosch
2023

ÍNDICE GENERAL

ÍNDICE DE TABLAS

Prólogo

Visual Basic para Aplicaciones, también conocido como VBA es un lenguaje de programación utilizado en el entorno de Microsoft que permite crear macros y automatizar tareas repetitivas. Mediante VBA es posible generar soluciones personalizadas y sistematizar procesos que de otro modo serían tediosos y propensos a errores.

El objetivo de esta obra es triple. Por un lado, conocer los conceptos básicos de la programación BASIC. Por otro lado, ser útil al estudiante o profesional que quiera agilizar y automatizar procesos repetitivos. Finalmente, ser accesible y comprensible a todo el público que lo requiera.

Siguiendo la línea descrita, este libro contiene una visión general de la informática y la programación, una pequeña dosis de teoría y una gran colección de problemas y juegos sencillos para poder manejarse con destreza en el mundo del VBA aplicado a Excel.

En todo momento la idea es la de acompañar al lector, cogerlo de la mano y desde un nivel bajo, elevarlo a una altura suficientemente alta como para manejarse en el mundo de la programación VBA para Excel de forma segura e independiente.

Aprender VBA es algo recomendable para cualquier persona que trabaje con un elevado volumen de datos y desee aumentar la eficiencia en su entorno laboral. Mediante VBA podrá crear soluciones exclusivas, automatizar tareas mecánicas reduciendo así errores con un consecuente ahorro en coste y plazo.

Agradecimientos

En primer lugar, quisiera expresar mi más sincero agradecimiento por el amor y la paciencia de mi mujer, mi querida hija, mis padres y agradecer a Dios el poder elaborar esta humilde obra.

También quisiera agradecer el conocimiento y experiencia de todas las personas, compañeros y amigos, que han hecho posible que en su momento aprendiera y que hoy sea yo el transmisor de conocimiento. Sus enseñanzas y consejos han sido fundamentales.

Por último, y no menos importante, quiero expresar mi gratitud a los editores y colaboradores de este libro, quienes han trabajado incansablemente para que este proyecto sea una realidad. Sin su dedicación y esfuerzo, esta obra no sería posible.

Para finalizar, pido disculpas si esta obra no ha sido del total agrado y por ello no duden en ponerse en contacto conmigo (learnVBAforExcel@outlook.com) para indicar cualquier mejora, sugerencia o detección de errores.

Gracias a todos por su ayuda y apoyo en tal creación. Espero y deseo que les sea útil y beneficioso.

1.
EL ORDENADOR O COMPUTADORA

En el mundo actual, los ordenadores o computadoras se han convertido en herramientas indispensables para nuestras vidas. Desde tareas cuotidianas hasta los proyectos más complejos, estos dispositivos electrónicos ofrecen una capacidad sin precedentes para procesar la información y simplificar nuestras tareas diarias. En este libro se adentrá en el fascinante mundo de la programación en VBA (*Visual Basic for Applications*), un lenguaje de programación que permite aprovechar al máximo la potencia de una de las aplicaciones ofimáticas más importantes del mundo laboral: MS Excel.

Antes de sumergirse en las maravillas de VBA es importante comprender los conceptos fundamentales sobre los ordenadores, su funcionamiento, su anatomía y la forma de interactuar con éstos.

Los ordenadores son dispositivos electrónicos capaces de recibir, almacenar, procesar y enviar información. Éstos están diseñados para realizar una amplia gama de tareas, como procesar textos, hacer cálculos complejos, reproducir música, entre muchas funcionalidades. Todo esto es posible gracias a su funcionamiento interno, diseñado para procesar información de forma rápida y eficiente. La gran variedad de dispositivos electrónicos que devuelven salidas a unas entradas es muy grande, pero un dispositivo electrónico se puede considerar ordenador o computadora cuando tiene lo siguiente:

▸ **Un hardware:** El hardware es la parte física o visible del ordenador. Este término proviene del inglés y significa *"componente duro"*. Contiene toda la circuitería y entre ésta se encuentra la CPU (*Central Procesing Unit*). El hardware carecería de sentido sin unos dispositivos de entrada (teclados, ratones, sensores, etc...) y unos dispositivos de salida (pantallas, impresoras, actuadores). Finalmente, entre sus componentes principales se halla la memoria interna (*RAM* y *ROM*) y la memoria externa (*Hard Disk*).

▸ **Un software:** Es otro término de origen inglés que significa *"componente blando"* y representa la parte no visible de la computadora, es decir, toda la lógica almacenada en la parte física de la computadora.

2.
SISTEMAS NUMÉRICOS

Un sistema numérico es una estructura o conjunto de reglas que se emplea para representar y operar con números. Es una forma de organizar y contar cantidades de una manera sistemática. Los sistemas numéricos son la base fundamenta de las matemáticas y se utilizan en áreas diversas como la computación, la física, la ingeniería, las matemáticas, el comercio y las finanzas. Existen varios sistemas numéricos que se han empleado en varios contextos, culturas y momentos históricos. Algunos de ellos son: el sistema decimal, binario, octal, hexadecimal, maya o vigesimal, entre otros. De todos ellos, se analizará por su importancia y aplicabilidad en el campo de la programación, el sistema decimal y binario.

2. 1. Sistema decimal

El sistema decimal es un sistema numérico que utiliza diez símbolos diferentes, conocidos como dígitos para representar números. Estos dígitos son: 0, 1, 2, 3, 4, 5, 6, 7, 8 y 9.

El sistema decimal es ampliamente empleado en todo el planeta, tanto en la vida cuotidiana como en la mayoría de los campos incluyendo las matemáticas, finanzas, ciencias y comercio. Es el sistema numérico estándar que se utiliza para contar, realizar cálculos y expresar cantidades es en base 10. Probablemente la base es 10 porque los humanos disponen de 10 dedos, convirtiéndolo en un sistema numérico intuitivo. Cada vez que se supera el décimo dedo, se dice que se ha usado una vez las dos manos. Por ejemplo, el trece indica que se ha usado una vez las dos manos y tres dedos. Las manos sería un tipo primitivo de memoria física.

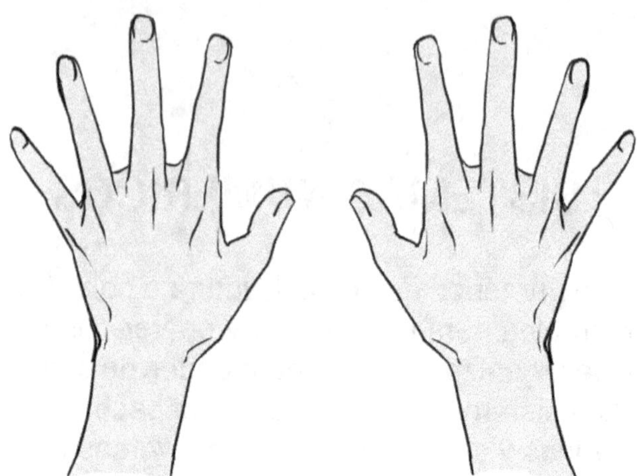

Ilustración 1. Orígenes del sistema decimal

2. 2. Sistema binario

El sistema binario es un sistema numérico que utiliza únicamente dos símbolos, conocidos como dígitos binarios, para representar números. Estos dígitos son el 0 y el 1. A diferencia del sistema decimal, que se basa en múltiplos de diez, el sistema binario se basa en múltiplos de dos.

El sistema binario se conocía en la antigua China y la India desde el siglo III a.C. Sin embargo, el británico George Boole fue quien, en 1854, le dio el desarrollo definitivo con el álgebra que lleva su nombre, el Álgebra de Boole.

Este tipo de sistema numérico es fundamental en la electrónica y computación ya que los dispositivos digitales emplean circuitos electrónicos que operan en base a dos estados, representados por los dígitos binarios 0 y 1. Estos estados se pueden identificar fácilmente en las primeras computadoras formadas por varios o cientos de conmutadores e interruptores y relés, en donde un circuito abierto es un 0 y cerrado es un uno.

Actualmente, la memoria de un ordenador o computadora almacena la información en formato binario de 1 y 0, es decir, ambas cifras son los famosos BIT (**Bi**nari Digi**T**). En otras palabras, en informática los 0 y 1 son BITs y a partir de aquí y según la cantidad de ellos se denomina según la cantidad.

Un BIT es un espacio de memoria que ocupa o un 0 o un 1. En ocasiones, un conjunto de bits recibe un determinado nombre, por ejemplo 4 bits se conocen por *"nibble"*, 8 bits se conocen por "octeto".

Un bit puede tomar dos posibles combinaciones, es decir, un 0 o un 1. Luego, 2 bits pueden tomar 4 valores y así sucesivamente. En la siguiente tabla, se representa cada bit por una letra A, B, C,..., n. Cada letra puede tener un 0 o un 1, por lo que son dos únicas combinaciones, lo que indica que a cuantos más bits tenga una memoria más combinaciones se pueden hacer. Observe que expresión queda:

BIT	Puede tomar 0	ó puede tomar 1	posibilidades máximas
A	0	1	2
B	0	1	2
C	0	1	2
D	0	1	2
E	0	1	2
F	0	1	2
G	0	1	2
H	0	1	2
....	0	1	2
n	0	1	2

Tabla 1. Tabla explicativa del 2n

Luego, si en cada bit de un octeto (en total 8 bits) existen dos posibles combinaciones, un 0 o un 1, en total se alcanzarán $2^8 = 256$ combinaciones. Es decir, las combinaciones para memorizar algo son igual a 2^n, donde n es el número de bits de nuestro equipo de memoria.

2.2.1. Pasar de decimal a binario

Existen varias maneras de transformar un número decimal a uno binario. Para hacerlo se puede seguir el siguiente proceso:

1. Represente una tabla con tres filas y varias columnas. Por ejemplo, tres filas y 7 columnas. Cuanto mayor sea el número decimal, mayor será el número de columnas.

2. Luego, escriba en la primera fila de la tabla el número dos elevado a "n" y debajo su equivalencia en decimal. Es decir, 20 = 1, 21 = 2, 22 = 4, hasta 27 = 128.

3. Luego, el número a analizar será descompuesto en sumandos que aparezcan en la tabla. Por ejemplo, el 14 es igual a 8 + 4 + 2. El 24 sería el 8 + 16.

4. Una vez identificados los valores de la suma, se sitúa un 1 debajo (azul) y 0 a lo no identificado.

2^7	2^6	2^5	2^4	2^3	2^2	2^1	2^0
128	64	32	16	8	4	2	1
0	0	0	0	1	1	1	0

Tabla 2. Tabla explicativa de conversión pasar de decimal a binario

Por lo que el 14 en binario sería 1110. El 24 sería el 11000.

Pruebe ahora con el 106. Este número es más grande que el anterior. Por lo que se puede descomponer:

106 − 64 = 42

42 − 32 = 10

10 − 8 = 2

2 − 4 = -2 ☒ No aceptable (no hay negativos en la tabla) por lo que:

2 − 2 = 0

2^7	2^6	2^5	2^4	2^3	2^2	2^1	2^0
128	64	32	16	8	4	2	1
0	1	1	0	1	0	1	0

Tabla 3. Tabla explicativa de conversión de decimal a binario en valores elevados

Entonces el 106 equivale a 01101010

2.2.2. Byte

Un byte es la unidad de medida de la información en sistemas de almacenamiento y procesamiento de datos. Es la unidad básica de información de los sistemas informáticos y está compuesto de un determinado número de bits. El número de bits ha ido variando a lo largo de la historia. En los primeros ordenadores, el byte podía tener 6, 7, 8 o 9 bits. Sin embargo, en la década de 1960 se decidió que 8 bits permitían manejar una cantidad adecuada de información y se estableció como una métrica. Desde entonces, para la gran mayoría de ordenadores un byte tiene 8 bits, pero con excepciones.

Sistema de unidades anterior al 1998						
Base	Exponente	Resultado	Unidad	Base	Exponente	Resultado
2	0	1	B (Byte)	1024	0	1
2	10	1024	KB	1024	1	1024
2	20	1048576	MB	1024	2	1048576
2	30	1073741824	GB	1024	3	1073741824
2	40	1099511627776	TB	1024	4	1099511627776
2	50	1125899906842620	PB	1024	5	1125899906842620
2	60	1152921504606850000	EB	1024	6	1152921504606850000
2	70	1180591620717410000000	ZB	1024	7	1180591620717410000000
2	80	1208925819614630000000000	YB	1024	8	1208925819614630000000000

Tabla 4. Sistema de unidades anterior al 1998

Sistema de numeración posterior al 1998				
kB	1000	Bytes	8000	Bits
MB	1.000.000	Bytes	8.000.000	Bits
GB	1.000.000.000	Bytes	8.000.000.000	Bits
TB	1.000.000.000.000	Bytes	8.000.000.000.000	Bits
PB	1.000.000.000.000.000	Bytes	8.000.000.000.000.000	Bits
EB	1.000.000.000.000.000.000	Bytes	8.000.000.000.000.000.000	Bits
ZB	1.000.000.000.000.000.000.000	Bytes	8.000.000.000.000.000.000.000	Bits
YB	1.000.000.000.000.000.000.000.000	Bytes	8.000.000.000.000.000.000.000.000	Bits

Tabla 5. Sistema de numeración posterior al 1998

Para entender la anterior tabla observe la primera fila, dónde se eleva el 2 o 1024 a su exponente, es decir: $2^0 = 1$ que es lo mismo que $1024^0 = 1$. Es decir, los cálculos se pueden realizar en base 2, o de 1024. A su vez, 1 B (Bytes) = 8 Bits. Es decir, 1 B = 2^3 bits (también llamado octeto, es decir un Byte tiene ocho bits).

La metodología anterior cambia en 1998, aceptándose el sistema internacional. Es decir, si un Byte son 8 Bits, un KB son 8000 bits, por lo que actualmente:

1 kB = 1000 Bytes = 8000 Bits

2.2.3. Sistema hexadecimal

El sistema hexadecimal es un sistema introducido por IBM en 1963 que permite ahorrar memoria, procesamiento y es más fácil de programar. El motivo es que se trabaja con cifras binarias de cuatro en cuatro, con lo que cuatro cifras corresponden a un valor.

El sistema hexadecimal es un sistema alpha-numérico en base 16. Para transformar un número decimal en hexadecimal manualmente se debe dividir el número decimal entre 16, luego el cociente otra vez por 16 y así sucesivamente, cuándo el último cociente sea menor de 16 se para y se escriben todos los cocientes uno detrás de otro del final hacia al principio, sustituyendo los números más grandes de 9 por una letra equivalente: A = 10, B = 11, C = 12, D = 13, E = 14 y F = 15. Por ejemplo, el número 41.716 correspondería al A2F4.

El proceso inverso se realiza multiplicando cada dígito por 16^x en dónde x es la posición de cada dígito de derecha a izquierda y empezando por 0. Para terminar, se suman todos los valores y ese es el resultado en decimal.

Ejemplo A2F4:

A = 10 ⊠ 10 x 16^3= 40.960

2 x 16^2 = 512

$$F = 15 \; \square \; 15 \times 16^1 = 240$$

$$4 \times 16^0 = 4$$

$$40.960 + 512 + 240 + 4 = 41.716$$

El sistema hexadecimal se emplea en varios campos de la informática y la tecnología dónde es necesario representar y manipular valores binarios de manera más conveniente y compacta. A continuación, le mostraré algunas de sus aplicaciones:

- Programación y desarrollo: Permite leer y escribir valores en memoria, depurar programas y representar direcciones de memoria o en aplicaciones de bajo nivel.

- Color en gráficos y webs: El sistema hexadecimal es empleado en el campo del diseño gráfico y desarrollo web para representar colores. Por ejemplo, el rojo puro es el #FF0000.

- Criptografía: El sistema hexadecimal se emplea para representar claves y valores criptográficos.

- Direcciones de red: En redes informáticas, las direcciones IP se representan en notación hexadecimal

- Edición y visualización de archivos binarios: El sistema hexadecimal es empleado en archivos ejecutables, imágenes, audio.

2. 3. Programas o software

Un programa o software, es un paquete de instrucciones ordenadas o líneas de código para ser ejecutadas de forma precisa y rápida en un ordenador. El software se clasifica en dos grandes grupos:

- Software de sistema operativo el cual permite que la computadora funcione.

- Software de aplicaciones el cual permite realizar tareas específicas como navegar por Internet, escribir documentos o editar imágenes, entre otras muchas funciones.

El proceso de crear un programa se denomina programación y se lleva a cabo utilizando un **lenguaje de programación** formado por un conjunto de instrucciones. El desarrollo de programas implica el diseño, la codificación, la prueba y la depuración de código, así como la implementación y el mantenimiento del software resultante.

2.3.1. Los lenguajes de programación

Los lenguajes de programación se emplean para realizar programas permitiendo la comunicación entre el usuario o programador y el ordenador o computadora. Hay tres grandes conjuntos de lenguajes de programación:

▸ *El lenguaje máquina:* Este tipo de programación utiliza un código binario muy complejo y depende completamente de la máquina. Es difícil de programar y entender para la mayoría de los programadores.

▸ *Lenguaje de bajo nivel o lenguaje ensamblador:* Es un lenguaje que utiliza símbolos mnemónicos en lugar de códigos binarios. Este tipo de lenguaje necesita ser traducido al lenguaje máquina. Se utiliza a menudo para programar tareas críticas de los sistemas operativos.

▸ *Lenguaje de alto nivel:* Es el lenguaje más cercano al lenguaje natural humano lo que lo hace más fácil de entender y programar. Algunos ejemplos son: el VISUAL BASIC, Python, JAVA, Kotlin, dart, etc.

Para pasar del lenguaje de alto nivel (o cercano al humano) a lenguaje máquina se requiere de unos "traductores" que pueden ser los llamados **intérpretes** o **compiladores.**

Dentro del lenguaje de alto nivel existen distintos tipos de lenguajes de programación cada uno con unas características particulares y usos específicos.

Sin embargo, a grandes rasgos los más comunes son los que siguen:

▸ *Lenguajes de programación orientados a objetos:* Estos lenguajes se basan en el concepto de la programación orientados a objetos (POO) dónde los programas se estructuran en objetos que contienen datos y funciones relacionadas. Algunos ejemplos, son el VBA, Java, C++, Python, Kotlin, Ruby, etc.

▸ *Lenguajes de programación de scripts:* Estos lenguajes están diseñados para escribir pequeños programas o scripts que automatizan tareas. Son interpretados en tiempo de ejecución.

▸ *Lenguajes de programación web:* Estos lenguajes están diseñados específicamente para el desarrollo de aplicaciones web y páginas web, como el HTML, CSS, JavaScript, PHP, otros.

▸ *Lenguajes de programación de aplicaciones móviles:* Estos lenguajes están diseñados específicamente para el desarrollo de aplicaciones para dispositivos móviles como teléfonos inteligentes, tabletas, relojes inteligentes y televisiones. Algunos ejemplos, son el Kotlin, Java, Swift y dart.

▸ *Lenguajes visuales como el Scratch:* Estos lenguajes tienen como objetivo el desarrollo de habilidades mentales para el aprendizaje de programación sin tener conocimientos profundos sobre ésta. Está orientado a principiantes, es visual y se trabaja como si de un puzle se tratara.

2.3.2. El Algoritmo

Un algoritmo es un método que permite la resolución de un problema computacional mediante una serie de pasos definidos y finitos.

El origen del término algoritmo puede variar según la bibliografía que se consulte. Pero varios autores parecen estar de acuerdo en que la palabra Algoritmo tiene su origen en el matemático *Mohamed Ibn Al kow Rizmi,* que escribió en el periodo comprendido entre el año 800 y 825 su obra *"Quitad Al Mugabala"*, dónde recogió el sistema de enumeración hindú y el concepto del cero. Posteriormente Fibonacci, tradujo la obra al latín llamándola *"Algoritmi Dicit"*. Pero según la RAE (Real Academia Española), el origen de la palabra Algoritmo vendría del latín tardío "algobarismus" y este sería una abreviación del árabe clásico "hisabu Igubar", que significaría cálculo mediante cifras no romanas. Los números actuales (1, 2, 3, 4, 5, 6, 7, 8, 9) fue un sistema iniciado por los hindúes y extendido por los árabes.

En cualquier caso, los algoritmos realizan tareas repetitivas a través de un conjunto ordenado y finito de operaciones, que con unas entradas se halla la solución a un problema. En general, las características de un algoritmo son las que siguen:

▸ Son precisos o exactos.

▸ Son finitos.

▸ Son repetitivos.

▸ Resuelven sólo un problema.

▸ Su lógica puede resolverse con cualquier lenguaje de programación.

▸ Procesan unas entradas.

Un buen algoritmo debe poseer:

▸ Una validez: El código no debería tener errores.

▸ Eficiencia: La resolución de un algoritmo debe ser rápida.

▸ Óptimo: Si es rápido y carece de errores.

Fases en la creación de un algoritmo:

▸ Análisis: Se analiza el problema a resolver y se plantea una posible solución.

▸ Diseño: Se elabora el algoritmo.

▸ Prueba: Se comprueba el resultado.

Aquí radica la diferencia entre la inteligencia artificial o computacional. La IA es una herramienta capaz de aprender, resolver problemas varios y utilizar entradas varias de su entorno. Pero en el presente documento y en el actual nivel de programación, las entradas son fijas y únicas, el sistema no aprende y sólo se obtendrá una única solución.

Para resumir, un algoritmo es un conjunto acciones o instrucciones a ser ejecutadas, una tras otra hasta llegar a la solución requerida. Por ejemplo, para coger un teléfono que suena: 1. Descolgar, ⊠ 2. Ponerse el teléfono en la oreja, ⊠ 3. Preguntar quién es, ⊠ 4. Hablar, ⊠ 5. Al terminar colgar el teléfono.

Los anteriores pasos pueden parecer para un humano, algo extremadamente sencillos y simples, tanto que no merece ninguna atención. Sin embargo, programar esos pasos puede ser un arduo trabajo, incluso de días. Acciones tan habituales y aparentemente sencillas en una red social como un "me gusta" tienen por detrás un algoritmo que no es tan fácil como aparenta serlo.

2. 4. Texto e imágenes en el sistema binario

Como se ha indicado, el sistema binario es un sistema de representación de la información que emplea sólo dos dígitos, el 0 y el 1.

Estos dígitos se conocen como bits y son la unidad básica de almacenamiento y procesamiento de la información en las computadoras. La combinación de bits permite representar y transmitir cualquier tipo de datos, incluyendo texto e imágenes.

2.4.1. Texto

Los números son fácilmente traducibles al sistema binario, pero no para el texto. Por lo que se solucionó este problema codificando cada carácter de forma binaria. Cada carácter era un número y cada número un código binario. El código ASCII era capaz de codificar hasta 127 caracteres (7 bits):

▸ Por ejemplo, la A mayúscula en ASCII corresponde al número 65 ó 1000001 en binario.

Pero apareció un problema ya que este código era suficiente en lengua inglesa, pero insuficiente para otras lenguas. Una ampliación del ASCII fue el código UNICODE de 32 bites, con lo que fue posible codificar cualquier lengua del planeta.

Binario	Dec	Hex	Representación	Binario	Dec	Hex	Representación	Binario	Dec	Hex	Representación	Binario	Decimal	Hex	Abreviatura	Representación	AT	Nombre/Significado
0010 0000	32	20	espacio ( )	0100 0000	64	40	@	0110 0000	96	60	`	0000 0000	0	0	NUL		^@	Carácter Nulo
0010 0001	33	21	!	0100 0001	65	41	A	0110 0001	97	61	a	0000 0001	1	1	SOH		^A	Inicio de Encabezado
0010 0010	34	22	"	0100 0010	66	42	B	0110 0010	98	62	b	0000 0010	2	2	STX		^B	Inicio de Texto
0010 0011	35	23	#	0100 0011	67	43	C	0110 0011	99	63	c	0000 0011	3	3	ETX		^C	Fin de Texto
0010 0100	36	24	$	0100 0100	68	44	D	0110 0100	100	64	d	0000 0100	4	4	EOT		^D	Fin de Transmisión
0010 0101	37	25	%	0100 0101	69	45	E	0110 0101	101	65	e	0000 0101	5	5	ENQ		^E	Consulta
0010 0110	38	26	&	0100 0110	70	46	F	0110 0110	102	66	f	0000 0110	6	6	ACK		^F	Acuse de recibo
0010 0111	39	27	'	0100 0111	71	47	G	0110 0111	103	67	g	0000 0111	7	7	BEL		^G	Timbre
0010 1000	40	28	(	0100 1000	72	48	H	0110 1000	104	68	h	0000 1000	8	8	BS		^H	Retroceso
0010 1001	41	29	)	0100 1001	73	49	I	0110 1001	105	69	i	0000 1001	9	9	HT		^I	Tabulación horizontal
0010 1010	42	2A	*	0100 1010	74	4A	J	0110 1010	106	6A	j	0000 1010	10	0A	LF		^J	Salto de línea
0010 1011	43	2B	+	0100 1011	75	4B	K	0110 1011	107	6B	k	0000 1011	11	0B	VT		^K	Tabulación Vertical
0010 1100	44	2C	,	0100 1100	76	4C	L	0110 1100	108	6C	l	0000 1100	12	0C	FF		^L	Avance de página
0010 1101	45	2D	-	0100 1101	77	4D	M	0110 1101	109	6D	m	0000 1101	13	0D	CR		^M	Retorno de carro
0010 1110	46	2E	.	0100 1110	78	4E	N	0110 1110	110	6E	n	0000 1110	14	0E	SO		^N	Desactivar mayúsculas
0010 1111	47	2F	/	0100 1111	79	4F	O	0110 1111	111	6F	o	0000 1111	15	0F	SI		^O	Activar mayúsculas
0011 0000	48	30	0	0101 0000	80	50	P	0111 0000	112	70	p	0001 0000	16	10	DLE		^P	Escape vínculo de datos
0011 0001	49	31	1	0101 0001	81	51	Q	0111 0001	113	71	q	0001 0001	17	11	DC1		^Q	Control de dispositivo 1 (XON)
0011 0010	50	32	2	0101 0010	82	52	R	0111 0010	114	72	r	0001 0010	18	12	DC2		^R	Control de dispositivo 2
0011 0011	51	33	3	0101 0011	83	53	S	0111 0011	115	73	s	0001 0011	19	13	DC3		^S	Control de dispositivo 3 (XOFF)
0011 0100	52	34	4	0101 0100	84	54	T	0111 0100	116	74	t	0001 0100	20	14	DC4		^T	Control de dispositivo 4
0011 0101	53	35	5	0101 0101	85	55	U	0111 0101	117	75	u	0001 0101	21	15	NAK		^U	Acuse de recibo negativo
0011 0110	54	36	6	0101 0110	86	56	V	0111 0110	118	76	v	0001 0110	22	16	SYN		^V	Síncronía en espera
0011 0111	55	37	7	0101 0111	87	57	W	0111 0111	119	77	w	0001 0111	23	17	ETB		^W	Fin del bloque de transmisión
0011 1000	56	38	8	0101 1000	88	58	X	0111 1000	120	78	x	0001 1000	24	18	CAN		^X	Cancelar
0011 1001	57	39	9	0101 1001	89	59	Y	0111 1001	121	79	y	0001 1001	25	19	EM		^Y	Fin del medio
0011 1010	58	3A	:	0101 1010	90	5A	Z	0111 1010	122	7A	z	0001 1010	26	1A	SUB		^Z	Substitución
0011 1011	59	3B	;	0101 1011	91	5B	[	0111 1011	123	7B	{	0001 1011	27	1B	ESC		^[o ESC	Escape
0011 1100	60	3C	<	0101 1100	92	5C	\	0111 1100	124	7C	|	0001 1100	28	1C	FS		^\	Separador de archivo
0011 1101	61	3D	=	0101 1101	93	5D	]	0111 1101	125	7D	}	0001 1101	29	1D	GS		^]	Separador de grupo
0011 1110	62	3E	>	0101 1110	94	5E	^	0111 1110	126	7E	~	0001 1110	30	1E	RS		^^	Separador de registro
0011 1111	63	3F	?	0101 1111	95	5F							0001 1111	31	1F	US		^_	Separador de unidad
												0111 1111	127	7F	DEL		^? o DEL	Suprimir

Tabla 6. Caracteres imprimibles y de control de ASCII

2.4.2. Imágenes

Cuando se procesan datos más complejos tales cómo imágenes, videos o audio, la codificación es mucho más compleja. Al no haber unos estándares internacionales cómo en el caso del texto (ASCII o Unicode), existen diferentes maneras de codificar dichos formatos de archivo. Por ejemplo, en el caso de una imagen, una manera simple de codificarla en binario es grabar cada uno de los píxeles mediante tres bytes: El primer byte guarda el nivel de rojo, el segundo byte el nivel de azul y el tercer byte el nivel de verde. Esto se conoce por codificación en RGB (Rojo, Verde, Azul). Cada componente se representa con un número binario de 8 bits (también conocido por byte), lo que permite representar 256 valores diferentes para cada componente. Combinando estos tres componentes, se puede representar una increíble gama de colores en una imagen.

Otro formato común para la visualización de imágenes es el BMP (Bitmap), que emplea una matriz de bits para representar los píxeles de una imagen. Cada bit en la matriz representa un píxel y puede tener dos valores posibles el 0 para representar un pixel negro y el 1 para representar un pixel blanco.

Algunos formatos populares para almacenar, visualizar y transmitir imágenes son el JPEG, PNG, GIF, BMP, TIFF, entre otros. Cada formato tiene su propia estructura y reglas específicas para almacenar información como el tamaño de imágenes, los píxeles, los canales de color y otros metadatos asociados.

La verdad es que éstos son sólo algunos ejemplos de cómo se representa el texto e imágenes en código binario. La capacidad de representar la información en forma binaria es fundamental en el campo de la informática y permite el almacenamiento y procesamiento de una amplia variedad de datos en los ordenadores. Hoy en día su estudio no ha finalizado, centrando el desarrollo de estos campos en las mejoras de visualización, la optimización, la velocidad de computación y la reducción del espacio en los dispositivos de almacenamiento.

3.
INTRODUCCIÓN AL VISUAL BASIC FOR APPLICATIONS (VBA)

Un ordenador es una máquina física que trabaja de una manera muy especial, la cual tiene unas entradas y unas salidas. La forma de dictar órdenes a esta máquina es diferente según sea ésta y según su sistema operativo. Las máquinas llamadas ordenadores que tienen como sistema operativo Windows permiten un lenguaje que se implementa esencialmente en MS Office conocido por VBA.

Visual Basic for Applications (VBA) es un lenguaje de programación para macros[1] de Microsoft seguro, que permite crear aplicaciones para Windows. VBA permite ampliar las funcionalidades de los programas a los usuarios que por defecto ofrece Microsoft Office (Outlook, Word, Excel, Access y PowerPoint).

BASIC viene del acrónimo *Beginners All-Pursposes Symbolic Introducion Code* (que traducido significa Código de Instrucción Simbólico Todo Propósito para Principiantes). El acrónimo BASIC está motivado por su rápida curva de aprendizaje.

Visual Basic for Applications es un lenguaje de programación que no puede compilarse de forma separada de un documento, hoja o base de datos. Además, Visual Basic tiene similitudes con otros lenguajes de programación tal cómo StarBasic u Open Office.

---

1 Una macro, término proveniente del griego que significa grande, es un conjunto de instrucciones que permite la automatización de tareas repetitivas. La macro se almacena en el propio programa que se utiliza y se ejecuta o invoca pulsando una combinación de teclas o icono habilitado al respecto. En Windows, la macro se programa con VBA.

Hay que tener en cuenta que Visual Basic está siendo sustituido por el lenguaje de programación .NET (o también llamado C#), por lo que Microsoft no planea hacer mejoras significativas a VBA en el futuro. Si no se dispone de Visual Basic, en el sitio de Visual Studio (compilador de .NET) se puede adquirir una versión de Visual Basic de forma segura.

El lenguaje de programación .NET o C# tiene muchas similitudes con JAVA. Pero éste a diferencia de Visual Basic permite realizar aplicaciones de escritorio, web y móviles, pudiendo ir más allá de una aplicación dentro del entorno MS Office.

La principal ventaja de programar en Visual Basic (VBA) es su aplicabilidad en cualquier disciplina científica, ingenieril u ofimática dentro del entorno de MS Office permitiendo agilizar tareas repetitivas o que requieran el manejo de grandes volúmenes de datos.

Otra ventaja de VBA para Excel que lo hace muy interesante, es su estabilidad. Es decir, el editor, el lenguaje y sus funciones y métodos no cambian masivamente ni de forma recurrente como en otros lenguajes de programación dónde se derogan dejando de ser válidas para el futuro.

4.
EMPEZAR EN VBA PARA MS EXCEL

El lugar de trabajo y desarrollo de macros y programas en VBA para Excel es el editor de VBA. Éste editor se encuentra en la pestaña de desarrollador:

Ilustración 2. Pestaña desarrollador

Una vez allí, diríjase hasta el botón de "Visual Basic". Si hace clic, se abrirá el editor.

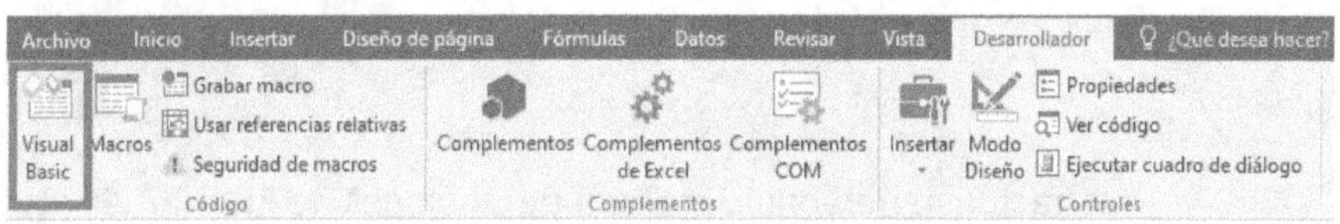

Ilustración 3. Editor de Visual Basic para MS Excel

Sin embargo, es posible que no visualice la pestaña *"desarrollador"*. Si es así, deberá habilitarla. Para ello vaya a Archivo ⊠ Opciones y luego diríjase a *"Personalizar la cinta de opciones"*. Luego asegúrese de marcar la casilla de *"Desarrollador"* y hacer clic en *"Aceptar"*.

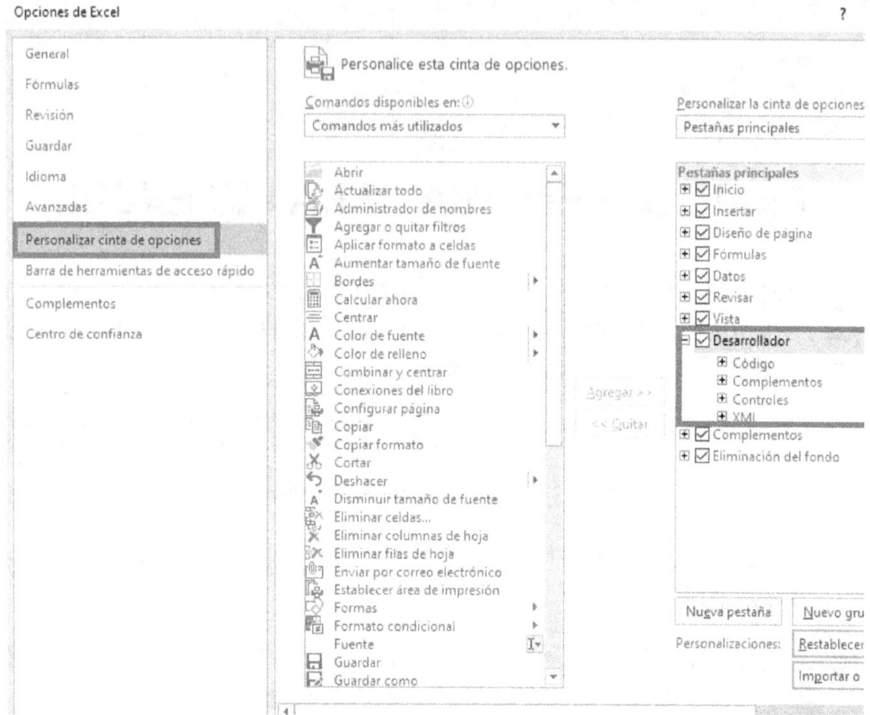

Ilustración 4. Personalizar Cinta de Opciones de Excel

Si dicha opción tampoco apareciera, deberá ir a los *"complementos"* de la misma *"Opciones de Excel"* y habilitar el complemento de *"Herramientas para análisis – VBA"*. Tal como aparece en la siguiente imagen.

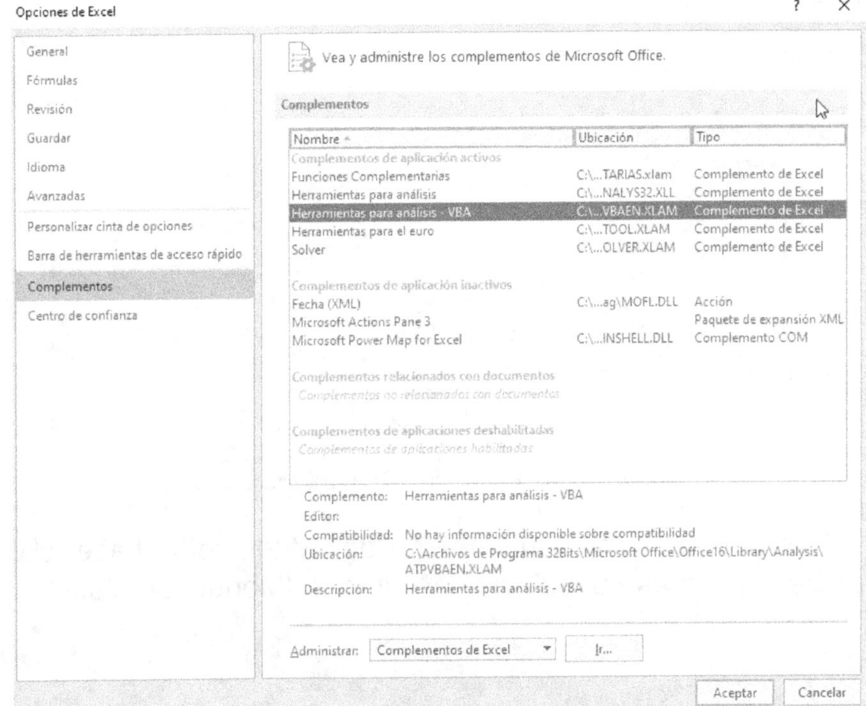

Ilustración 5. Añadir el complemento de MS Excel "Herramientas para Análisis"

Luego si todo ha ido bien podrá acceder al editor de VBA haciendo clic en la pestaña desarrollador. Luego visualizará la siguiente pestaña.

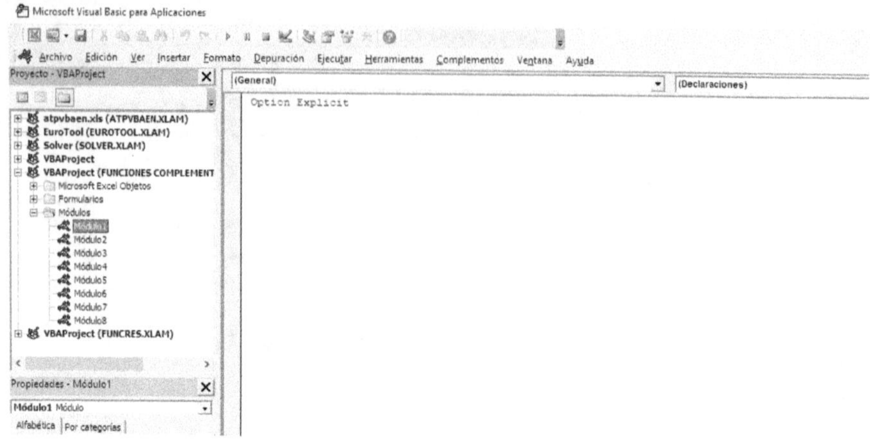

Ilustración 6. Editor de VBA para MS Excel

Entonces, en la pestaña insertar del editor, podrá hacer clic en tres opciones: "UserForm" "Módulo" o "Módulo de Clase".

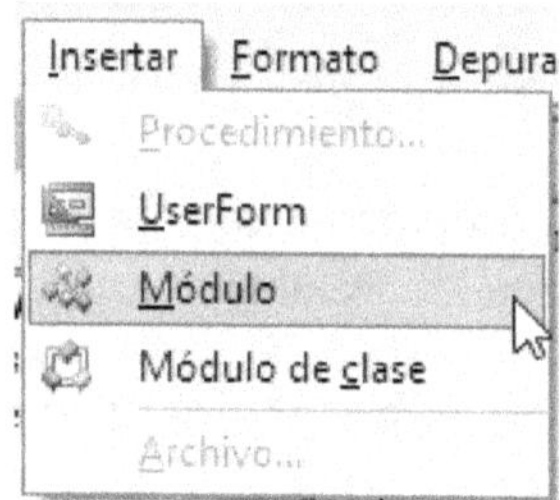

Ilustración 7. Insertar un módulo nuevo en el Editor de VBA

Con el UserForm, podrá realizar formularios que permitirán interactuar con el usuario. En los módulos ("Módulo") puede programar funciones y cualquier tipo de programa y finalmente en los módulos de clase, se pueden realizar programas específicos para generar objetos diferentes a los que por defecto ofrece MS Excel.

5.
DECLARACIÓN DE VARIABLES EN VBA PARA MS EXCEL

Una de las cosas que se debe realizar al empezar a codificar cualquier programa es declarar las variables. Una variable es un espacio de memoria del ordenador o computadora que una función o subprocedimiento se reserva para guardar datos. En general, la forma de declarar una variable es:

```
dim nombre_de_la_variable as longitud_y_tipo_de_dato
```

Es importante conocer de qué variable se trata y su longitud. Por ejemplo, si se traba con texto y se declara la variable como número entero, VBA dará un error. Otros errores similares están relacionados con la longitud y el tipo de datos. Por ejemplo, si se declara la variable como número entero pero la cantidad de bits pertenece a un "Long", VBA también lanzará un error.

VARIABLES		
Tipo de datos	**Tamaño**	**Intervalo**
Byte	1 Byte	0 a 255
Boolean	2 Bytes	True o False
Integer	2 Bytes	De -32.768 a 32.767
Long (entero largo)	4 Bytes	De -2.147.483.648 a 2.147.483.647
Single (Coma flotante / precisión simple)	4 Bytes	De -3,402823E38 a -1,401298E-45 para valores negativos; 1,401298E-45 a 3,402823E38 para valores positivos.
Double (Coma flotante / precisión doble)	8 Bytes	De -1,79769313486232E308 a -4,94065645841247E-324 para valores negativos; 4,94065645841247E-324 a 1,79769313486232E308 para valores positivos.
Currency (Entero a escala)	8 Bytes	-922.337.203.685.477,5808 a 922.337.203.685.477,5807
Decimal	14 bytes	+/-79.228.162.514.264.337.593.543.950.335 sin punto decimal; +/-7,9228162514264337593543950335 con 28 posiciones a la derecha del signo decimal; el número más pequeño distinto de cero es+/- 0,0000000000000000000000000001
Date	8 bytes	1 de enero de 100 a 31 de diciembre de 9999
Object	4 bytes	Cualquier referencia a tipo Object
String (longitud variable)	10 bytes + longitud de la cadena	Desde 0 a 2.000 millones
String (longitud fija)	Longitud de la cadena	Desde 1 a 65.400 aproximadamente
Variant (con números)	16 bytes	Cualquier valor numérico hasta el intervalo de un tipo Double
Variant (con caracteres)	22 bytes + longitud de cadena	El mismo intervalo que para un tipo String de longitud variable
Definido por el usuario (Type)	Número requerido por los elementos	El intervalo de cada elemento es el mismo que el Intervalo de su tipo de datos.

Tabla 7. Resumen de tipos de datos intrínsecos

Se recomienda declarar todas las variables a utilizar. De esta forma se conocerán que variables utilizan el procedimiento y que tipo de datos guarda cada una. No declarar las variables al inicio del procedimiento puede tener dos implicaciones: El primero sería que VBA asume a las variables no declaradas, como tipo "Variant" (este tipo de variable almacena cualquier valor, número, fechas, texto, etc. ocupando 20 Bytes. Siendo muy elevado en la mayor parte de ocasiones). Segundo, se reduce la legibilidad de los procedimientos puesto que las variables se situarán a medida que se necesiten. Esto dificulta a la larga la corrección o modificación del procedimiento.

5. 1. Option explicit

Option Explicit es una comprobación que realiza VBA y que devuelve un error sino se declaran una o todas las variables. Es decir, es una manera de obligar a declarar las variables y no descuidarse de ello.

Como se ha indicado, declarar las variables es una buena práctica porque así se evitan posibles errores en la compilación.

Option explicit debe especificarse previo a cualquier otra línea de código. Cuando se coloca el *Option Explicit On* o *Option explicit* en un archivo, es obligatorio declarar explícitamente todas las variables mediante las instrucciones *Dim* o *ReDim*. Si no se declarara y por tanto intentara usar un nombre de variable no declarada, se producirá un error en tiempo de compilación. La instrucción *Option explicit Off* permite la inferencia de variables. Es decir, el VBA infiere en el tipo de cada variable.

Para activar el *option explicit* en el VBA, diríjase a Tools ⊠ *Options* y allí, en *"Require Variable Declaration"*.

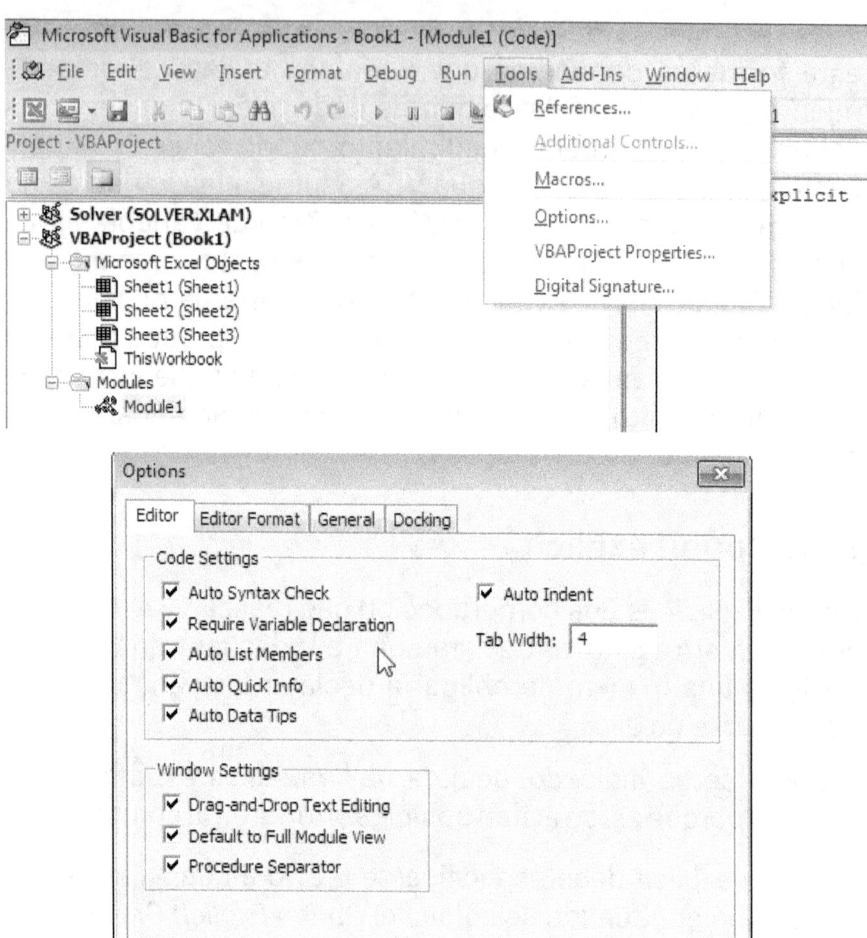

Ilustración 8. Forma de activación del "Option Explicit"

6.
JERARQUÍA EN LA PROGRAMACIÓN EN VBA

VBA para MS Excel es un lenguaje orientado a objetos que tiene su propia sintaxis en la que existe una jerarquía obligatoria que debe ser conocida. Esta jerarquía va de mayor a menor. Esto tiene mucha importancia cuándo, por ejemplo, en Excel se trabaja con distintas hojas. En general la jerarquía de la programación en VBA de Excel sigue la siguiente estructura:

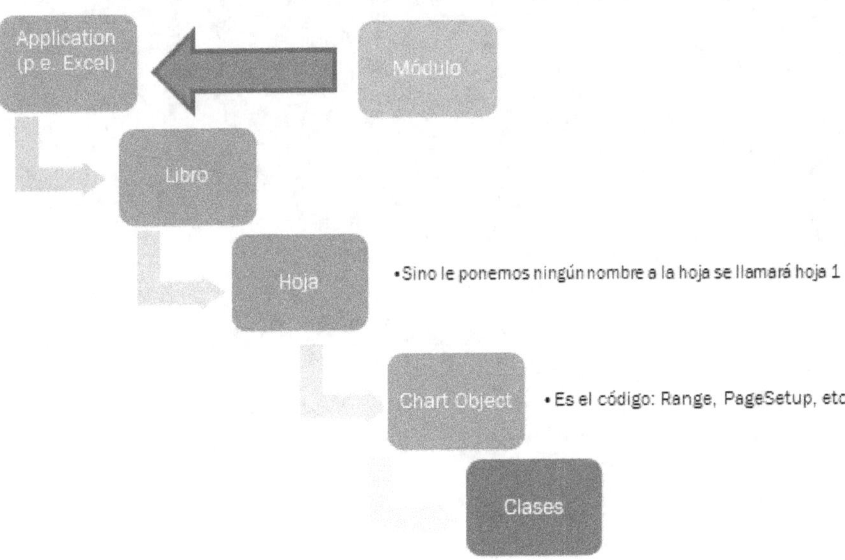

Ilustración 9. Jerarquía en la programación

Application es el objeto superior y es el que representa la aplicación Excel. Application no suele ser necesario especificarlo, ya que todos los objetos dependen de éste. Sin embargo, WorkBooks puede ser necesario y aconsejable si las macros o códigos se emplean diferentes libros de trabajo (o diferentes archivos).

7.
LAS MACROS EN MS EXCEL

Una macro de Excel es una herramienta que permite grabar una secuencia de comandos o instrucciones para posteriormente ser reproducidas en Microsoft Excel. Las macros permiten automatizar tareas repetitivas o complejas, facilitando el trabajo de procesamiento de grandes cantidades de datos o la realización de acciones específicas de manera más eficiente.

En una macro, Excel graba todas las acciones realizadas dentro la hoja de cálculo, como el formato de celdas, las fórmulas o funciones utilizadas, las operaciones de copiar y pegar, entre otras. Posteriormente se puede ejecutar dicha macro para que se reproduzcan todas estas acciones automáticamente, en vez de tener que realizarlas manualmente una y otra vez. Las macros de Excel son útiles en diversas situaciones, por ejemplo:

▸ Automatización de tareas: Realización de tareas repetitivas, como el formato de una tabla, la creación de informes, la generación de gráficos o la actualización de datos.

▸ Procesamiento de datos: Trabajos con grandes volúmenes de información, las macros pueden ayudar a automatizar la limpieza, filtrado, ordenamiento o análisis de datos.

▸ Personalización de funciones: Generación de funciones personalizadas permitiendo así extender las funcionalidades propias de Excel y adaptarla necesidades específicas.

▸ Interacción con otras aplicaciones: Las macros permiten la interacción con otras aplicaciones de Microsoft Office, como Word, PowerPoint o Access, para intercambiar información o realizar acciones combinadas.

7. 1. Grabar una macro

La forma más sencilla de crear una macro es mediante la grabadora de macros que dispone Excel. Esta herramienta de Excel permite grabar las acciones deseadas traduciéndolas a instrucciones en VBA, las cuales se pueden modificar posteriormente (modificar macros).

Lo que realiza la grabadora de macros, es literalmente guardar todas las acciones que realizadas manualmente sobre la hoja u hojas de trabajo. Una vez pulsado el botón de grabar macros, Excel empieza a grabar código de todas las acciones que se realizan, tales como seleccionar, transponer, cambiar la fuente… etc.

Ilustración 10. Icono grabar macro

Para grabar una macro acceda a la pestaña "Vista" y despliegue el submenú "Macros". Una vez dentro de este submenú seleccione la opción "Grabar macro". Además de esta opción, situada en el menú se encuentran la opción "Ver Macros", en ella accederá al listado de las macros creadas en su libro.

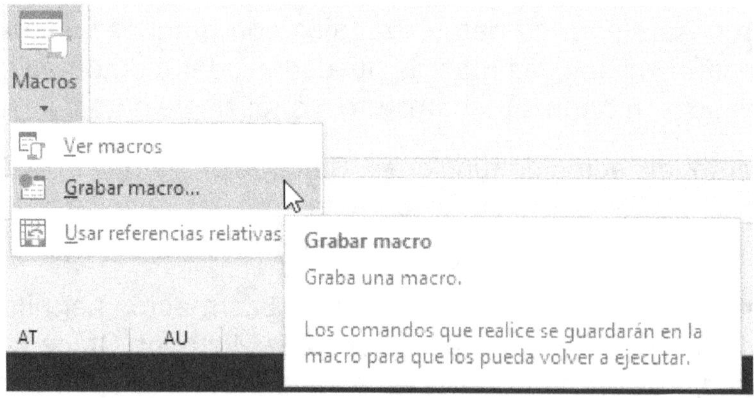

Ilustración 11. Acceso al botón de "grabar macro" de VBA de Excel

La tercera opción llamada referencias relativas, permite que las macros graben acciones relativas a la celda inicial seleccionada.

También se pueden grabar macros desde la ficha Programador, si no está disponible, se procederá de forma parecida que en el capítulo "EMPEZAR EN VBA PARA MS EXCEL". Pero como resumen puede hacer clic en el botón de Microsoft Office (o Archivo) y luego en opciones de Excel.

Ilustración 12. Icono opciones Excel (depende de la versión).

Luego diríjase a las *"opciones de Excel"* y active el *"Check box"* de la opción *"mostrar ficha de programador"* en la *"cinta de opciones"*. Luego, haga clic en aceptar:

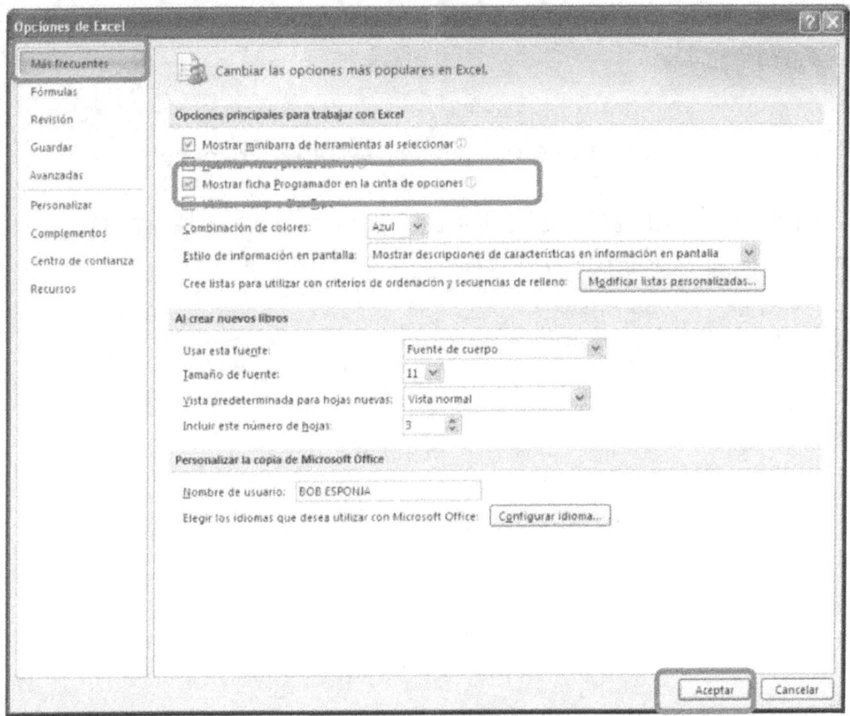

Ilustración 13. Mostrar ficha programado en la cinta de opciones

Dependiendo de la versión Office, diríjase a Opciones de Excel ⊠ Personalizar Cinta de Opciones y luego le da al "Check Box" de Programador y luego en aceptar.

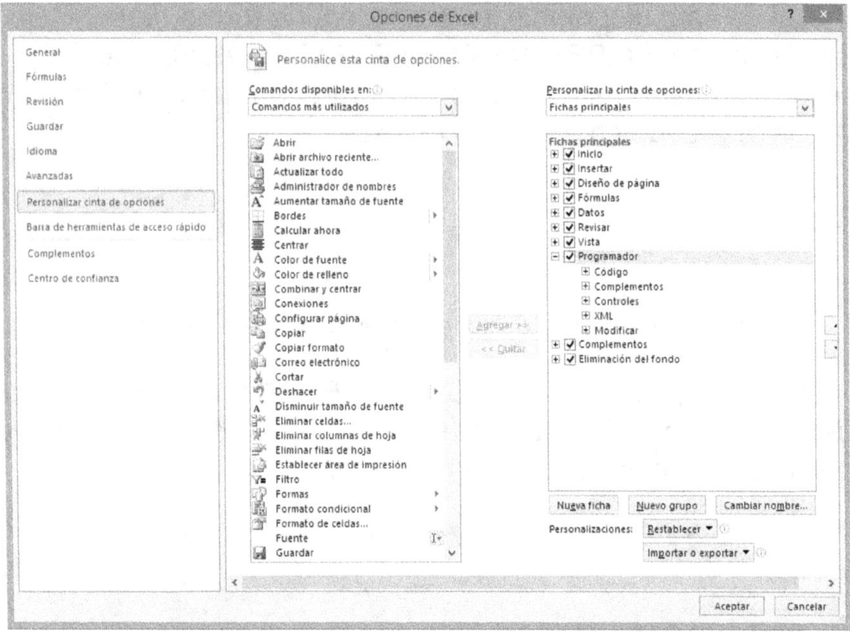

Ilustración 14. Opciones de Excel, programador

Una vez realizado lo anterior, se actualizará la interface de Excel de la siguiente manera:

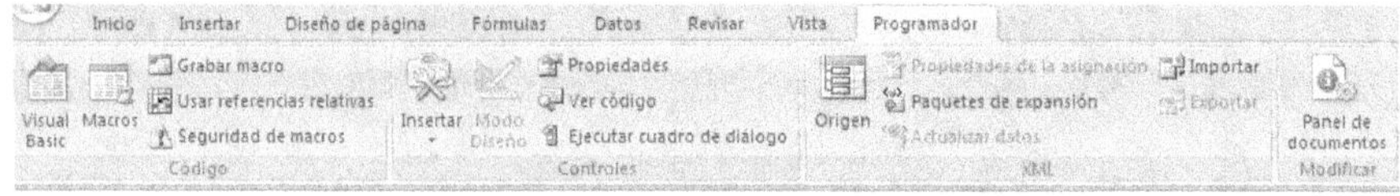

Ilustración 15. Menú programador

Luego ya podrá estar en disposición para grabar macros:

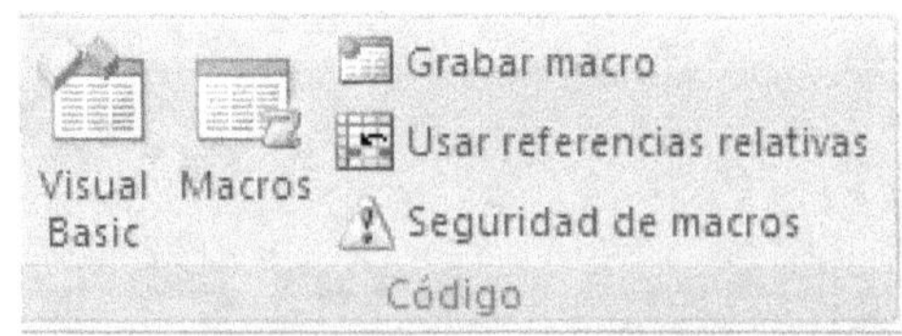

Ilustración 16. Icono grabar macro

En muchas ocasiones cuándo se desconoce un código para realizar una determinada tarea repetitiva o no se encuentra en internet, se puede grabar una macro y retocar posteriormente el código si es de menester.

7. 2. Nombre de la macro

Cuando se "bautiza" una macro se debe saber que no se permiten ni caracteres especiales, ni palabras reservadas, ni espacios en blanco. En tal caso, puede emplearse un carácter del tipo subrayado ("_") como separador entre palabras o emplear un tipo de notación como camelCase.

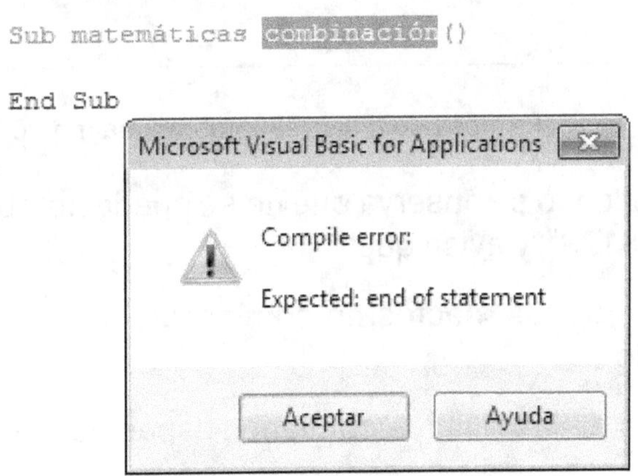

Ilustración 17. Errores habituales

En el anterior ejemplo se observa cómo al intentar nombrar una macro como matemáticas combinación, aparece un error.

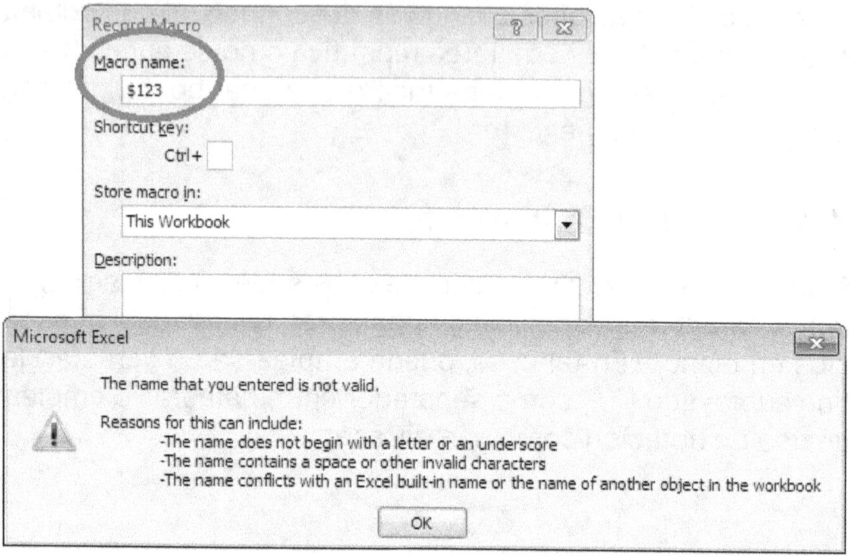

Ilustración 18. Errores habituales al nombrar una macro

En el anterior caso se observa que no se puede nombrar una macro cómo "$123", y avisa que:

▸ Los nombres de las macros no comienzan con una letra o un guion bajo

▸ Los nombres de las macros contienen espacios o un carácter no válido.

▸ Los nombres entran en conflicto con un nombre de Excel o con nombres de otros objetos en la hoja de cálculo.

7. 3. Seguridad en las macros

Para establecer el nivel de seguridad de manera que estén habilitadas temporalmente o no todas las macros, proceda con lo siguiente: En la ficha Programador ("Developer" en inglés), en el grupo Código, haga clic en Seguridad de macros y seguir los siguientes pasos:

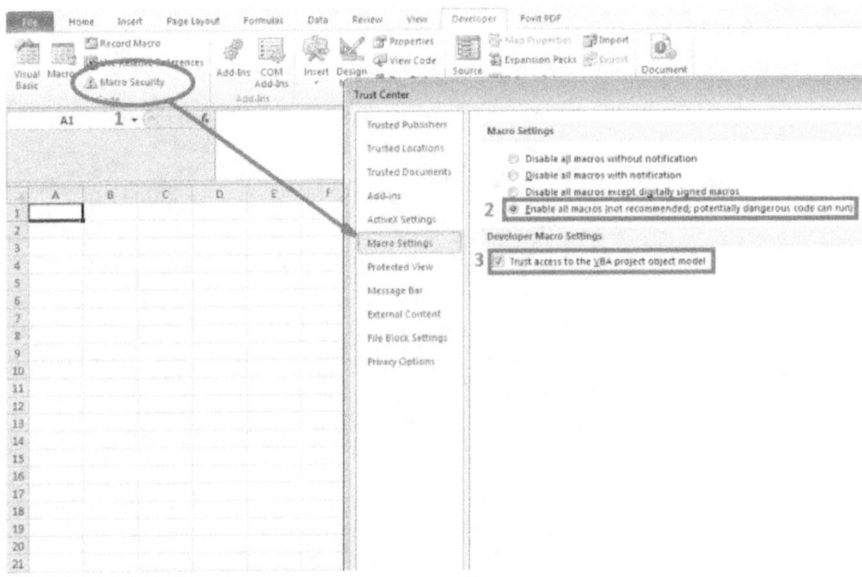

Ilustración 19. Opciones de seguridad en las macros

En *"Configuración de macros"* (*"Macro Settings"*), haga clic en *"Habilitar todas las macros"* (*"no recomendado; puede ejecutarse código posiblemente peligroso"*) y luego en Aceptar.

Una macro "maliciosa" puede literalmente borrar y estropear nuestro equipo completamente.

Si siempre se dejan activadas estas opciones, se debe saber que, al descargar cualquier hoja Excel de internet, ésta puede contener código malicioso que perjudique gravemente su ordenador.

Por lo que, si desea evitar que se ejecute código potencialmente peligroso, es recomendable volver a cualquiera de las configuraciones que deshabilitan todas las macros, al terminar de trabajar con ellas.

8.
EL PRIMER PROGRAMA.
EL "HOLA MUNDO"

El programa "Hola Mundo" es el programa más básico que se puede crear y su única finalidad es imprimir en pantalla el texto *"hola mundo"* mediante una ventana de alerta o en una celda.

Este texto suele utilizarse dentro de un programa iniciático que se codifica para introducirse en el mundo de la programación o de un lenguaje en concreto.

El programa probablemente proviene del libro *"La programación con el lenguaje C"* de 1978 que a su vez fue heredado por un documento interno de los laboratorios Bell en 1974 escrito por los profesores *Brian Kernighan* y *Martin Richards*.

El programa *"hola mundo"* se puede hacer de varias maneras. Las dos más sencillas son: o bien mediante un mensaje de alerta, o bien mostrando "hola mundo" en una celda.

8. 1. "Hola mundo" en una ventana emergente

El siguiente, es un programa muy sencillo, para que aparezca en una ventana emergente o de alerta un "hola mundo". Introduzca el siguiente texto en un módulo y ejecute el programa:

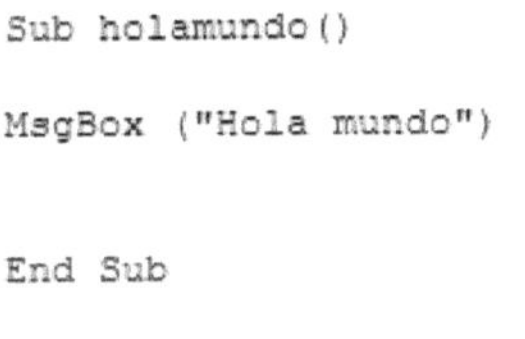

```
Sub holamundo()

MsgBox ("Hola mundo")


End Sub
```

Ilustración 20. El programa "Hola Mundo" en una ventana emergente

8. 2. "Hola mundo" en una celda

El siguiente programa, parecido al anterior, muestra el resultado en una ventana emergente en vez de una celda. Introduzca el siguiente texto en un módulo y ejecute el programa:

```
Sub holamundo()

Worksheets("hoja1").Range("A1") = "hola mundo"


End Sub
```

Ilustración 21. El programa "Hola Mundo" en una celda

También se puede escribir en una determinada celda activa el "Hola mundo", mediante el siguiente código. Las entre comillas ("") indica al ordenador que se trata de un texto o "String".

```
Sub saludo()
Range("a2").Select
ActiveCell = "hola"
End Sub
```

9.
PARÁMETROS Y ARGUMENTOS

En VBA de Excel es importante entender la diferencia entre un parámetro y un argumento cuando se trabaja con funciones, procedimientos y sub-procedimientos. Ambos conceptos son muy parecidos y de sutiles diferencias.

▸ Parámetro: Representa un valor que se espera **recibir** cuando se llama a una función o subrutina (Function o Sub). Los parámetros se utilizan también como marcadores de posición para los valores que se envían como argumentos. Los parámetros se definen en la cabecera de la función o subrutina y pueden tener un nombre, un tipo de datos asociados, un mecanismo de paso (ByRef o ByVal) o si es un parámetro opcional (la llamada no está obligada a enviarle un valor).

▸ Argumento: Un argumento es el valor o dato que se **envía** a una función o subrutina. Es el valor que se asigna al parámetro correspondiente en la llamada a la función o subrutina. Los argumentos pueden ser variables, constantes o expresiones que tienen el tipo de datos esperados por el parámetro. Los argumentos carecen de nombres y pueden contener cero, literales, constantes o variables.

Puede imaginarse el parámetro como un buzón y el argumento como una carta. La carta sería el argumento y el buzón el parámetro. Cada vez que se ordena el envío de una carta, esta llegará a su buzón.

10.
LOS AUTOINCREMENTALES

Los autoincrementales permiten generar automáticamente valores secuenciales sin la intervención del usuario. El autoincremental en programación es una de las instrucciones más útiles que existen. La expresión de autoincremental es:

$$c = c + 1$$

En otros lenguajes la anterior instrucción se pude simplificar por c++, pero no es posible hacerlo con VBA, ya que el operador ++ no está disponible en este lenguaje.

El autoincremental anterior realiza lo siguiente:

El primer a lo supone nulo, es decir, 0.

▸ c = 0 + 1 = 1 → guarda 1 y lo introduce en la siguiente línea.

▸ c = 1 + 1 = 2 → guarda 2 y lo introduce en la siguiente línea.

▸ c = 2 + 1 = 3 → guarda 3 y lo introduce en la siguiente línea.

▸ c = 3 + 1 = 4 → guarda 4 y lo introduce en la siguiente línea.

▸ Etc…

Así hasta el límite superior deseado. Si observa la primera "a" es igual a 0 (también puede asignar c = 1 u otro valor) porque anteriormente no existía nada, por esta razón empieza por cero. Esta es una de las ventajas de la programación y de Excel. Es decir, una típica hoja de Excel sin macros es estática. Esto significa que al trabajar en una hoja "normal" sólo se puede repetir los cálculos una vez a menos que se actualicen los valores, con el ctrl + Alt + F5. Pero con VBA se puede iterar el número deseado de veces que sea necesario.

11.
TIPO DE NOTACIÓN RECOMENDADO EN VBA PARA MS EXCEL

En un lenguaje de programación, el estilo de notación es el conjunto de reglas y convenciones empleadas para nombrar variables, funciones, constantes y otros elementos en el código. Estas convenciones definen cómo se deben escribir y estructurar los nombres para que sean legibles y comprensibles tanto para los desarrolladores como para cualquier persona que lo lea.

El estilo de notación puede incluir aspectos como la capitalización de las letras, el uso de espacios, guiones bajos u otros caracteres para separar las palabras y la elección de nombres descriptivos y significativos. Existen varios tipos de notaciones, los más comunes son: *camelCase*, *pascalCase*, *snake_case* y *kebab-case*.

En el lenguaje de programación VBA para MS Excel el tipo de notación recomendado es el estilo de notación *camelCase*. Este tipo de notación se caracteriza por empezar cada palabra con una letra mayúscula excepto la primera palabra que comienza con una minúscula.

Este tipo de notación hace que el código sea más legible y comprensible, puesto que las palaras están claramente separadas y cada una empieza con una letra en mayúscula excepto la primera.

Aunque el estilo de notación de camelCase es el recomendado, algunos desarrolladores pueden preferir otros estilos como el empleo de guiones bajos para separar palabras (por ejemplo: nombre_animal) u otros estilos de notación. Independientemente del estilo empleado, lo importante es mantenerlo a lo largo de todo el código para que este sea legible y fácil de comprender por el programador, colaboradores y él mismo en el futuro.

12.
LOS PROCEDIMIENTOS
Y SUBPROCEDIMIENTOS DE VBA
PARA MS EXCEL

El código que se encuentra dentro de un módulo se organiza en procedimientos y/o subprocedimientos. Lo que se llama por *"Sub trabajoOficina()"* se conoce por subprocedimiento. Éste le indica a la aplicación como debe proceder para realizar una determinada tarea. Se usan los procedimientos y subprocedimientos para dividir el código de tareas complejas en "trozos" más maleables.

Entre los procedimientos y subprocedimientos existe una sutil diferencia que radica en si el código devuelve un valor o no.

12. 1. Características de un sub-procedimiento en VBA de Excel

Un subprocedimiento es un conjunto de instrucciones que realizan una tarea específica pero no devuelven ningún valor. Los subprocedimientos se utilizan principalmente para ejecutar acciones y realizar tareas sin la necesidad de un resultado específico.

▸ Sub y End Sub son el inicio y el final del sub-procedimiento del programa.

▸ El texto precedido por un apóstrofe (´) indica al compilador que no son instrucciones sino texto o comentarios personales del programador. Al preceder el texto con un apóstrofe, éste cambia de color a verde.

▸ Los sub-procedimientos tienen la particularidad de realizar una tarea específica y no retornar ningún resultado, aunque es posible implementar parámetros conocidos por parámetros de salida o de referencia.

12. 2. Características de un procedimiento en VBA de Excel

Los procedimientos o funciones son un conjunto de instrucciones que también realizan una tarea específica, pero a diferencia de los subprocedimientos, estos devuelven si un valor. Estas funciones se utilizan cuando se requiere de un valor de retorno para emplearlo en otras partes del código.

▸ Los procedimientos o funciones son precedidas por la palabra clave reservada "function".

▸ Cuando a una función no se le especifica un valor de retorno explícito, la función devuelve el valor predeterminado correspondiente al tipo de datos declarado. Por ejemplo, una función declarada como Integer sin un valor de retorno explícito devolverá el valor predeterminado 0.

12. 3. Procedimiento público

En VBA, un procedimiento público es aquel procedimiento que es accesible por todos los procedimientos de todos los módulos de un proyecto.

```
Public Sub Nombre_del_procedimiento(opcional: argumento1,
argumento2, etc...)

< Instrucciones >

End Sub
```

Nota: Por defecto VBA define un procedimiento cómo público. Es decir, sino se escribe "*Public*" y sólo "Sub", VBA entiende que es público.

12. 4. Procedimiento Privado

Un procedimiento privado es aquel procedimiento sólo accesible por otros procedimientos dentro del mismo módulo. Su sintaxis es:

```
Private Sub Nombre_del_procedimiento(opcional: argumento1,
argumento2, etc…)

< Instrucciones >

End Sub
```

   Nota: Los procedimientos privados generalmente se utilizan en formularios y ciertas funciones.

12. 5. Procedimiento Estático

Es un tipo de procedimiento que permite conservar las variables una vez finalizada su ejecución.

```
Static Sub Nombre_del_procedimiento(opcional: argumento1,
argumento2, etc…)

< Instrucciones >

End Sub
```

13.
LAS CLASES EN VBA DE MS EXCEL

Las clases son el conjunto de instrucciones que se escriben dentro de lo que se conoce por "módulos de clase", permitiendo en VBA generar objetos propios. Los objetos nacen a partir de una clase y poseen métodos y propiedades.

En lenguajes modernos como C#, Kotlin, Java, etc. las clases se emplean para crear objetos. La principal diferencia entre los lenguajes mencionados y VBA radica en que los módulos de clase de VBA tienen un tipo de herencia limitado en comparación con las clases de los otros lenguajes. En VBA, la herencia actúa de manera parecida a las Interfaces en C# o Java.

VBA dispone de objetos integrados como una colección, un libro, una hoja de cálculo, etc. El propósito de VBA *"Class Modules"* es permitir la construcción de objetos propios a medida.

▶ La herencia utiliza una clase existente para crear una nueva clase.

▶ Las interfaces son un tipo de herencia que fuerza a una clase a realizar determinados procedimientos o propiedades.

13. 1. Objetos y propiedades de una clase

Por defecto, en VBA existen un conjunto muy grande de objetos. Algunos de éstos pueden ser una hoja de cálculo, un gráfico, una celda, formulario, informe, etc. Son objetos predefinidos. Pero mediante las clases, se pueden crear objetos personalizados. Es posible hacer un símil entre un objeto y algo físico – tangible. Imagine que una persona es un objeto de Excel. Sus propiedades serían el color de sus ojos, el color de su pelo o la estatura.

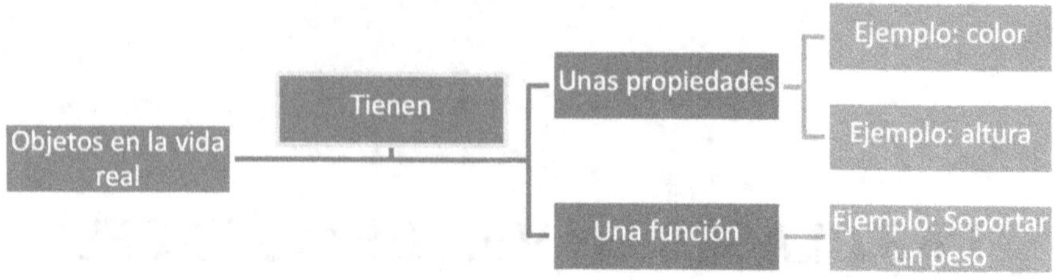

Ilustración 22. Objetos en la vida real, propiedades y funciones

Cuando en la realidad o vida "no virtual" se habla de un objeto, entonces se habla de algo tangible que puede ser cualquier cosa. Tales objetos pueden ser un coche, un lápiz, una silla, balcón o una casa, etc. Cuando se dice que la **clase** casa representa a todas las casas del mundo significa que define como es una casa, cualquier casa. Dicho de otra forma y para aproximarnos a la definición informática, la clase casa define algo que tiene un determinado número de paredes, algunas ventanas, un tejado, una base, etc. entonces, cualquier objeto real con paredes, tejado y ventanas es un objeto de la clase casa.

Algunos objetos propios de Excel:

▸ WorkSheet (Objeto hoja de cálculo).

▸ Range (Objeto celda o rango de celdas).

▸ Una gráfica.

▸ Comentarios en una celda.

▸ Una tabla dinámica.

Es común que una propiedad de un objeto sea otro objeto. Siguiendo con el ejemplo del coche, una de las múltiples propiedades de un coche es el motor. A su vez, el motor es un objeto con propiedades como la potencia, el número de cilindros o válvulas, etc. En las clases a las funciones se las conoce por métodos. La función de la clase o método del coche sería incrementar_rpm, repostar_combustible, accionar_pistones, etc. En MS Excel, el objeto workSheets("hoja1") puede tener la propiedad Range el cual es un objeto, Range puede tener la propiedad Font la cual es también un objeto, a su vez está puede tener la propiedad Bold.

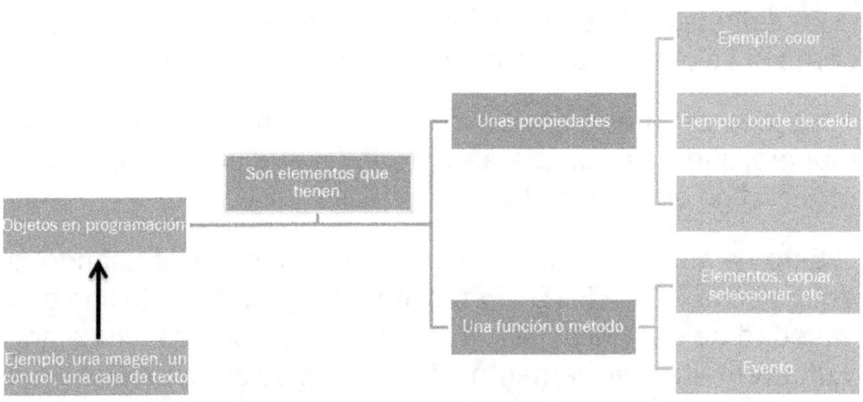

Ilustración 23. Tipos de objetos en VBA

En VBA, si se hace clic en el examinador de objetos situado en la barra de herramientas: , observará que en la parte inferior hay una ventana dividida en dos partes. La de la izquierda es la clase, y cada clase agrupa a los miembros (derecha), es decir: objetos, propiedades, funciones y otros:

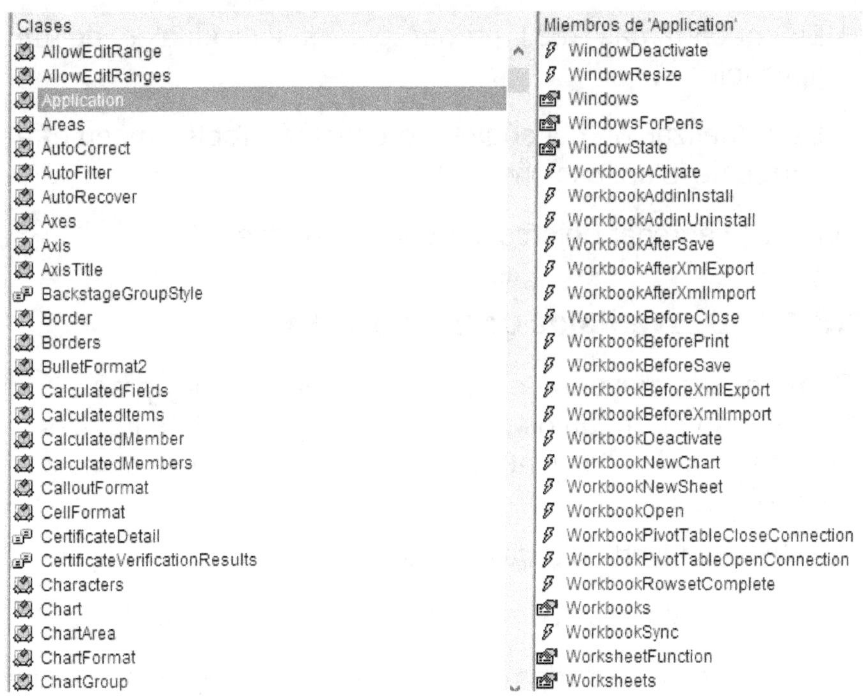

Ilustración 24. Ejemplos de clases y miembros

En definitiva, el uso de objetos permite generar aplicaciones como si se estuviéran usando bloques de construcción.

La idea es que el código de cada objeto sea autónomo de manera que sea completamente independiente de cualquier otro código en nuestra aplicación.

Esto es similar a cómo se construyen las cosas usando ladrillos de LEGO o TENTE. Estos juguetes disponen de una gran variedad de componentes. Por ejemplo, un bloque, un volante y una ventana son elementos diferentes. Se comportan de manera completamente independiente entre sí. La rueda gira, la ventana deja pasar la luz, etc. Sin embargo, se pueden conectar para crear un edificio, un vehículo, un cohete, etc.

13.1.1. Ventajas de usar objetos

Tratar partes de nuestro código como bloques proporciona grandes ventajas.

▸ Es mucho más fácil probar partes individuales de una aplicación.

▸ La actualización del código no causará problemas en otras partes de la aplicación.

▸ Es fácil agregar objetos entre aplicaciones.

13.1.2. Desventajas de usar objetos

Como con la mayoría de las cosas en la vida hay pros y contras. El uso de módulos de clase VBA no es diferente. Las siguientes son las desventajas de usar el módulo de clase para crear objetos:

▸ El tiempo invertido para generar una aplicación es mayor.

▸ No siempre es fácil definir claramente qué es un objeto.

▸ Los usuarios iniciados en el mundo de la programación pueden encontrar difícil de comprender el concepto de la clase.

▸ Generar una aplicación empleando objetos, implica una mayor inversión inicial en horas. Además, necesita una mayor planificación y diseño. Sin embargo, a la larga le permite un gran ahorro en tiempo y dinero. Porque entre otras razones, el código es más fácil de administrar, actualizar y reutilizar.

13. 2. Propiedades

Un objeto tiene características o propiedades tales como el color, la forma, el peso, las dimensiones, etc. Dichas propiedades se crean dentro de una clase y luego se concretan en cada objeto. Por lo que, en la clase coche se pueden definir las propiedades tales como el color, la anchura y altura. Más tarde al definir un objeto como coche se particularizarían estas propiedades como: color = verde, Ancho = 5.5 metros y Largo = 8,5 metros. Algunas propiedades más comunes:

▸ Value

▸ Nombre de la celda

▸ Dirección válida de una celda activa

▸ Número de hojas en el libro de trabajo

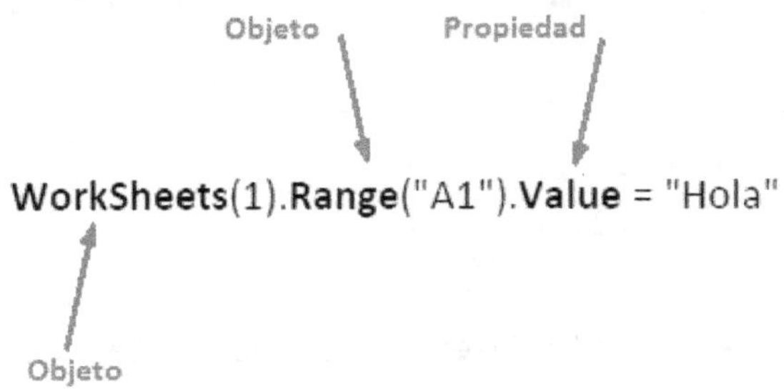

Ilustración 25. Objetos y propiedades

Para separar el objeto de la propiedad se utiliza el punto ".", lo mismo que para separar un objeto de un método. En el siguiente caso se tiene el objeto "Worksheets("hoja1") con la propiedad "Name".

```
Worksheets("hoja1").Name = "hola"
```

13. 3. Creación de un módulo de clase

Cuando se genera en VBA para MS Excel una nueva clase estándar, se pueden optar por la implementación de propiedades con los procedimientos *Let* y *Get* o bien se pueden omitir y utilizar variables públicas en su lugar.

Para crear un módulo de clase, haga clic con el botón derecho en la ventana Proyecto y luego seleccione Insertar y módulo de clase.

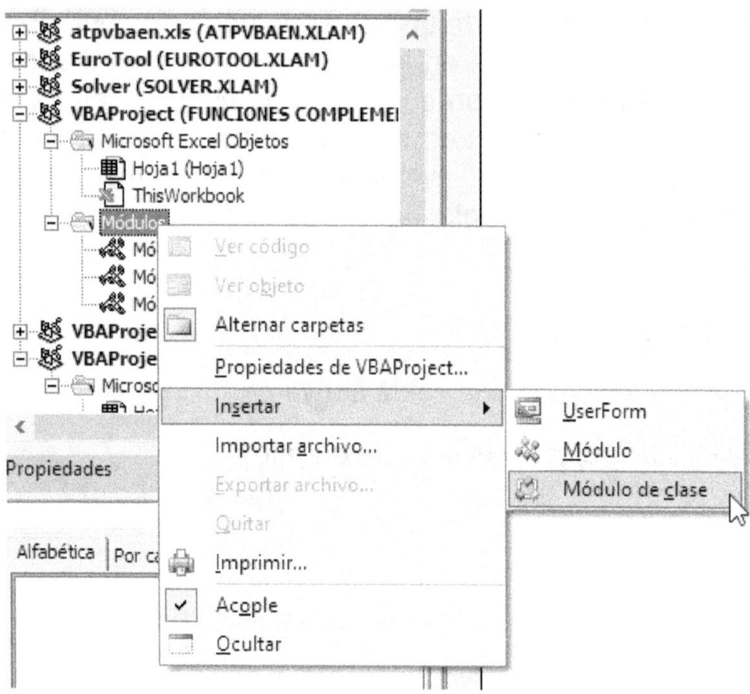

Ilustración 26. Insertando un módulo de clase

La nueva clase creada se llama Class1. Es posible cambiar el nombre en la ventana Propiedades como muestra la siguiente captura de pantalla:

Ilustración 27. Editando el nombre de la Clase

Luego, se cambia el nombre al deseado. Por ejemplo, a *"NuevaClase"*.

13. 4. Creación de una clase sin los procedimientos "Let", "Set" y "Get"

En esta primera forma de hacerlo, quizás la más sencilla, la instancia envía los argumentos a un módulo de clase del tipo sub:

13.4.1. Código a insertar en el módulo estándar:

En esta forma de generar una nueva clase, utilice una variable pública, en vez de las propiedades let, set y get.

```
Sub prueba()

    Dim hola As New NuevaClase
    hola.diHola ("Mundo!")

    End Sub
```

13.4.2. Código a insertar en el módulo de clase:

```
'Ésta es una clase nueva llamada "NuevaClase"
Public name As String


Sub diHola(user As String)

    name = user
    MsgBox ("¡Hola " & name)

End Sub
```

Para poder instanciar una clase, en el módulo estándar se escribirá la siguiente instrucción:

```
Dim hola As New NuevaClase
```

NuevaClase es el nombre de la clase, establecida en las propiedades del módulo.

Si se observa, "hola" se comporta como una variable. Además, observe que delante de la nueva variable se sitúa la palabra clave reservada *"Dim"*. Es decir, hola es una variable del tipo NuevaClase.

13. 5. Creación de una clase con las propiedades "Let" y "Get"

Lamentablemente, la forma anterior siendo la más sencilla no siempre es la más aconsejable. Como norma general se debe evitar el empleo de variables públicas dentro de una clase estándar, para ello se empleará la palabra *"private"*. Además, es preferible emplear los métodos, *"Let"*, *"Set"* y *"Get"*. El motivo es que estas propiedades proporcionan beneficios como la encapsulación, el mantenimiento del estado interno, la interoperabilidad y compatibilidad con eventos. Todas estas características proporcionan un código más robusto, modular y fácil de mantener:

13.5.1. En el módulo:

```
Sub prueba()

    Dim hola As New NuevaClase

    hola.diHola = "Hola Mundo"
    MsgBox (hola.diHola)

End Sub
```

13.5.2. En el módulo de clase:

```
Private nombre As String

Public Property Let diHola(nm As String)
nombre = nm
End Property

Public Property Get diHola() As String
diHola = nombre
End Property
```

Una de las ventajas de una clase, es que se pueden emplear tantas veces como se necesite ese trozo de código:

```
Sub prueba()

    Dim hola As New NuevaClase
    Dim hola2 As New NuevaClase
    Dim hola3 As New NuevaClase

    hola.diHola = "Hola Mundo"
    hola2.diHola = "Hola Mundo_2"
    hola3.diHola = "Hola Mundo_3"
    MsgBox (hola3.diHola)


End Sub
```

13. 6. Partes de un módulo de clase

En los ejemplos anteriores se ha analizado de forma genérica el concepto y componentes de una clase.

1. **Declaración de la clase:** Toda clase debe poseer un nombre.

2. **Atributos o variables de instancia:** Después de la declaración de la clase se definen los atributos empleando variables. Estos atributos son específicos de cada instancia de clase y se denominan "variables de instancia". Por ejemplo: Private miVariable as Integer.

3. **Métodos**: Los métodos son funciones dentro de las clases. Los métodos definen el comportamiento de la clase

y pueden acceder, así como manipular, los atributos de la clase y realizar operaciones.

4. **Propiedades**: Son tipos de funciones que se comportan como variables. Son las conocidas funciones Let, Set y Get.

   a. Get = devuelve o extrae el valor del objeto.

   b. Let = inserta el valor dentro del objeto.

   c. Set = si aplica, configura el objeto. Crea el valor de una propiedad que referencia a un objeto.

5. **Eventos**: Son Subs que se activan automáticamente cuando ocurre un evento. Básicamente lo conforman estos dos: Class_Initialize() y Class_Terminate().

Hay que tener en cuenta que existen tres aspectos básicos que diferencian un módulo estándar frente al módulo de clase:

1. En un módulo estándar, los datos son compartidos por todas las partes del programa que lo utilicen. Esto significa que, si una variable se declara en un módulo estándar, su valor será el mismo en todas las instancias que accedan a ella. En cambio, en un módulo de clase, se crea una copia separada de los datos para cada instancia de la clase. Cada instancia de la clase tiene su propio conjunto de variables de clase individuales al objeto, lo que significa que cada instancia puede tener diferentes valores para esas variables.

2. En un módulo estándar, los datos existen mientras el proyecto de VBA esté en ejecución. En cambio, en un módulo de clase, los datos existen sólo durante el tiempo de vida del objeto de clase. Cuando el objeto de clase es destruido (por ejemplo, al establecer el objeto en Nothing), los datos asociados a esa instancia de la clase también se eliminan. Cada instancia de la clase puede tener su propio conjunto de datos independientes de otras instancias.

3. Las variables declaradas como públicas en un módulo estándar son visibles y accesibles desde cualquier parte del proyecto de VBA. Pueden ser utilizadas y modificadas por cualquier módulo, formulario u objeto en el proyecto. Por otro lado, las variables públicas en un módulo de clase solo son accesibles si se tiene una variable de objeto que contenga una referencia a una instancia particular de esa clase. Esto significa que sólo se puede acceder a las variables públicas de un módulo de clase a través de una instancia específica de la clase. No se puede acceder directamente a las variables públicas de un módulo de clase sin una referencia a un objeto de esa clase.

4. Para trabajar correctamente con un módulo de clase es importante que cualquier clase disponga de su propio módulo y dicho módulo debe ser renombrado para reflejar la personalización del objeto.

13. 7. Ejercicio del rectángulo. Calcular el área de un rectángulo de 3 x 4.

Este ejercicio es interesante porque permite enviar mediante argumentos la longitud de cada lado y devuelve el área de dicha figura.

13.7.1. En el módulo estándar principal:

```
Sub prueba()

Dim calculo As New NuevaClase

calculo.calcular 3, 4

End Sub
```

13.7.2. En el módulo de clase:

```
'Ésta es una clase nueva llamada "NuevaClase"
Public x As Double
Public y As Double
Public area As Double


Sub calcular(x As Double, y As Double)


area = x * y
MsgBox (area)
End Sub
```

13. 8. Ejemplo del teléfono inteligente

El siguiente ejemplo permite definir las características de un teléfono inteligente mediante la marca, el modelo y la capacidad de memoria. Para realizar este ejemplo, se emplearán las propiedades *let* y *get*.

13.8.1. En el módulo de clase:

```
Private laMarca As String
Private elModelo As String
Private laMemoria As Double

'Propiedad Marca
Public Property Let Marca(Valor As String)
    laMarca = Valor
End Property

Public Property Get Marca() As String
    Marca = laMarca
End Property

' Propiedad Modelo
Public Property Let Modelo(Valor As String)
    elModelo = Valor
End Property

Public Property Get Modelo() As String
    Modelo = elModelo
End Property
```

```vba
' Propiedad Memoria
Public Property Let Memoria(Valor As Double)
    'controlamos que se introduce un número
    If IsNumeric(Valor) Then
        'y además con ABS lo gestionamos siempre como positivo
        laMemoria = Abs(Valor)
    Else
        'si no fuera un número, forzamos el valor a cero
        laMemoria = 0
    End If
End Property


Public Property Get Memoria() As Double
    Memoria = laMemoria
End Property


Public Sub Llamada()
    'código aquí
    MsgBox "He realizado una llamada con el modelo " & Modelo

End Sub


Public Sub SMS()
    'código aquí
    MsgBox "He enviado un mensaje SMS con un teléfono de esta " &

End Sub


Public Sub Datos()
    'código aquí
    MsgBox "Consumes datos con el teléfono de la marca" & Marca
End Sub
```

13.8.2. En el módulo estándar

```vba
Sub probandoTelefono()

Dim telefono As New NuevoModuloClase

telefono.Marca = "Huawei"
telefono.Memoria = 20
telefono.Modelo = "S9"
telefono.Llamada
telefono.Datos
telefono.SMS
Set telefono = Nothing

End Sub
```

En este programa principal son varios los aspectos de interés. El primero es la forma de enviar un valor a la clase. El segundo, la forma de llamar a un método de la clase y finalmente como se destruye un objeto. Para ello, se emplea la palabra clave reservada *"Nothing"*, permitiendo así desasociar un objeto real de una variable de objeto.

13. 9. Métodos

Los métodos normalmente hacen algo o realizan ciertas operaciones sobre los objetos. En general los objetos tienen comportamientos o realizan acciones. Por ejemplo, la acción evidente del objeto coche es desplazarse de un punto inicial a un punto final. En VBA para Excel se pueden crear métodos propios o emplear aquellos que vienen por defecto, tales como:

▶ Activate

▶ Clear

▶ Copy

▶ Select

▶ ClearContents

Se debe evitar mezclar de forma inapropiada métodos y propiedades. Por ejemplo, si se desea activar una celda y a la vez darle un valor, cosas cómo la siguiente producirán un error:

```
Sub hola()

Range("a1").Activate.Value = 10


End Sub
```

Además, VBA subrayará de color amarillo la localización del error. Para que esto no ocurra, lo que se debe realizar es separar métodos y propiedades, tal cómo se ha indicado anteriormente:

```
Sub hola()

Range("a1").Activate
Range("a1").Value = 10

End Sub
```

13.9.1. Acceso a los objetos, métodos y propiedades de VBA en Excel

Un objeto se conecta con sus propiedades y métodos a través de la notación de punto (.). Por ejemplo si se desea acceder a la propiedad "Valor" de una celda puede escribir algo como "Range("A1").Value".

En VBA el autocompletado y la ayuda contextual están disponibles mientras se escribe código, lo que facilita la exploración y selección de métodos y propiedades adecuados para su trabajo.

14.
LOS FORMULARIOS O "USERFORMS"

Un formulario es una ventana o cuadro de diálogo personalizado programado mediante controles que responden a determinadas acciones. Para añadir un UserForm se procederá de la siguiente manera:

1. Presione las teclas Alt + F11, para entrar al editor de Visual Basic o bien diríjase al editor de VBA y pulse con el botón derecho del mouse sobre el área del explorador de proyecto y añada un UseForm. En caso de no visualizar el explorador de proyectos pase al siguiente punto.

2. Active las siguientes opciones:

▶ En el Menú Ver y seleccione la opción "Explorador de Proyectos"

▶ En el Menú ver y seleccione la opción "Ventana Propiedades"

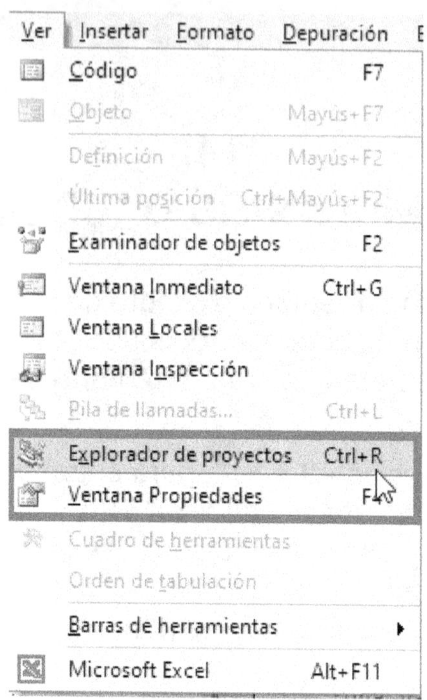

Ilustración 28. Explorador de proyectos y ventana de propiedades

Del Menú Insertar elija la Opción UserForm. Esta acción inserta el Formulario que se programará mediante controles. En el Explorador de Proyecto observará la inserción del UserForm.

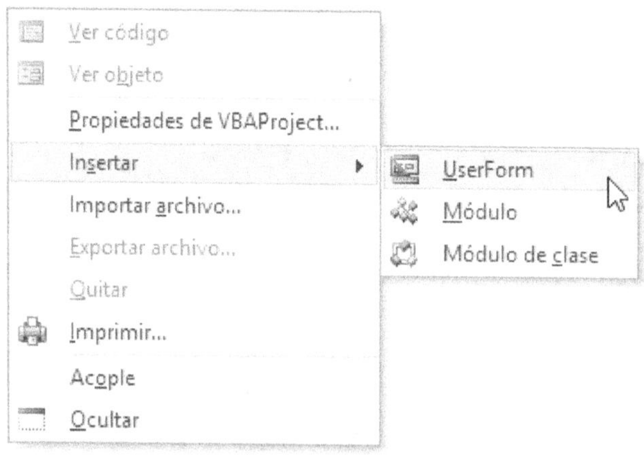

Ilustración 29. UserForm de VBA

También cuando haga clic en el Formulario USERFORM1 se debe de activar el Cuadro de Herramientas, si no se activa de clic en el Menú Ver y elija la opción Cuadro de Herramientas.

3. Una vez conocido qué tipo interfaz es la deseada y qué debe realizar, se seleccionará una de las distintas opciones:

▶ Etiqueta

▶ Cuadro de texto

▶ Cuadro Combinado

▶ Cuadro de Lista

▶ Casilla de verificación

▶ Botón de opción

▶ Botón de alternar

▶ Marco

▶ Botón de comando

▶ Barra de tabulaciones

▶ Página múltiple

▶ Barra de desplazamiento

▶ Botón de número

▶ Imagen

▶ RefEdit

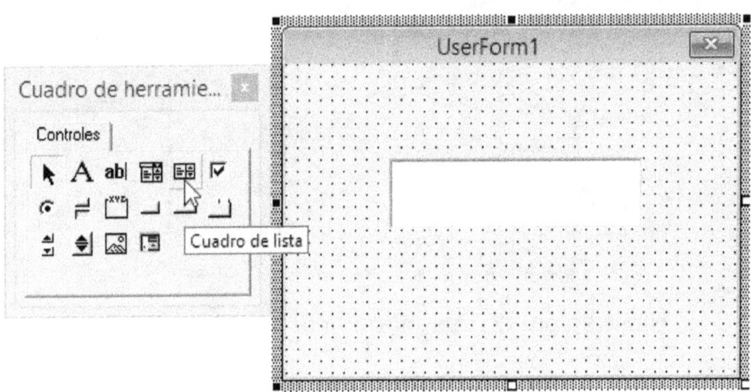

Ilustración 30. Creación de un UserForm

Se pueden ajustar los tamaños y posición de las distintas opciones o modificar su nombre para que sea más sencilla su identificación al empezar a programar.

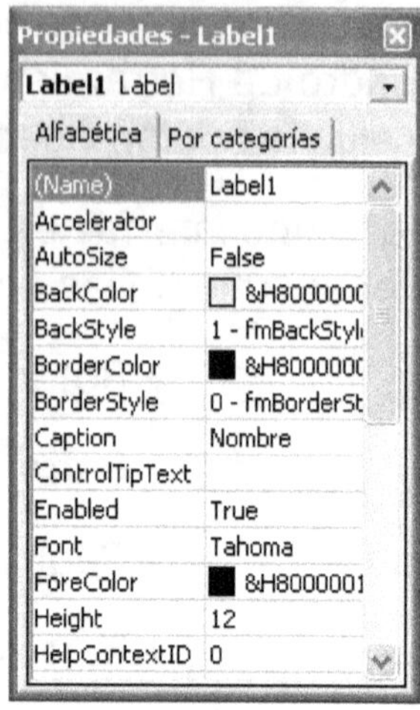

Ilustración 31. Modificación de un Label en VBA

Algunas opciones pueden modificarse en la Ventana Propiedades. Para realizar dicha acción es necesario conocer las propiedades de los controles y no alterar aquellas propiedades que se desconocen. Por ejemplo, un posible UseForm sería:

Ilustración 32. Resultado final de un UserForm

Una vez creado el cuadro de diálogo, se puede empezar a programar. Para ello, haga doble clic encima de dicho cuadro u opción (botón, checkbox, textBox, etc.) y se abrirá el compilador de código con el encabezado y fin del código.

Una vez codificado el UserForm pulse sobre el botón Ejecutar "UserForm" en la barra de herramientas del compilador o simplemente la tecla F5. Se activará el UserForm creado.

14. 1. Ejemplo de UserForm para cerrar un formulario con el botón cancelar

Para cerrar una ventana creada con un formulario con un botón creado al efecto que se llame por ejemplo "Cancelar", se puede usar el siguiente código.

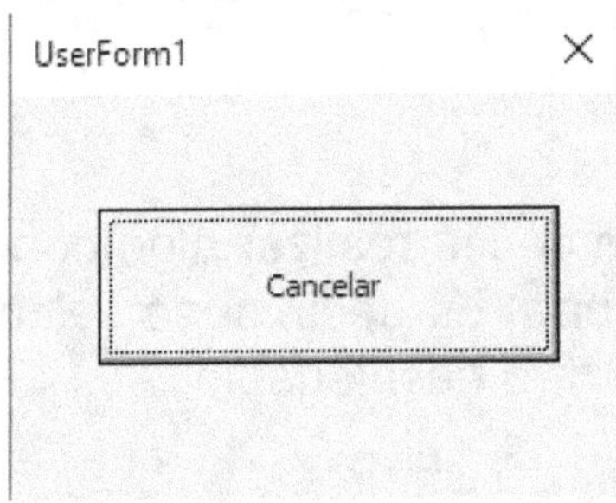

Ilustración 33. Ejemplo de un simple UserForm

```
Private Sub CommandButton1_Click()
End
End Sub
```

Este ejercicio es un simple ejemplo de UserForm. Sirve para cerrar una ventana emergente con el botón cancelar. Una vez se ejecuta el programa, esta ventana se cierra al pulsar cancelar.

14. 2. Ejemplo de listado desplegable mediante un "combobox"

Para crear un menú desplegable con un listado de ítems, en dónde se escriba código, seleccione lo siguiente:

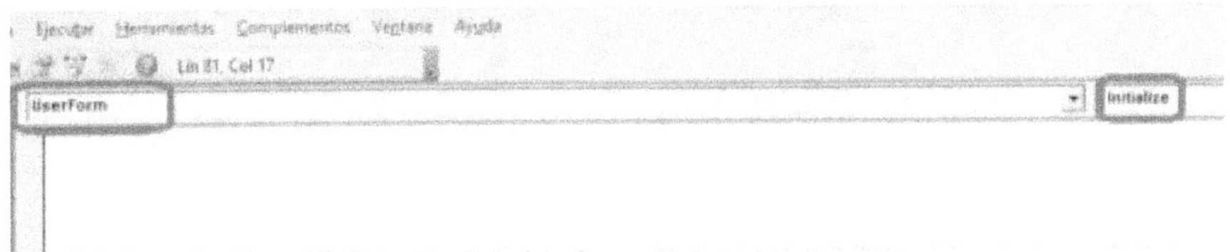

Ilustración 34. El ComboBox de VBA

Es decir, del desplegable del menú superior, seleccione "UserForm" e "Initialize". Luego añada los elementos deseados de la siguiente manera:

```
Private Sub UserForm_Initialize()

With GARANTIA

    .AddItem "SI"
    .AddItem "NO"

End With

End Sub
```

Finalmente, si se desea realizar algo con dichos ítems, una vez seleccionado uno. Es decir, si se selecciona un ítem del listado, que se vea otro desplegable.

```
Private Sub GARANTIA_Change()
ga = Me.GARANTIA.ListIndex

If ga = 0 Then
RESTO_DE_CONCEPTOS.ZONAS.Visible = True
End If

    If ga = 1 Then
    RESTO_DE_CONCEPTOS.ZONAS.Visible = Fal
    End If
```

14. 3. Refedit

REFEDIT es un control ubicado en el cuadro de herramientas del formulario y se usa para insertar rangos de datos para tablas y fórmulas. Para acceder al Refedit, diríjase al editor de VBA y pulse con el botón derecho del mouse sobre el área del explorador de proyecto y añada un UserForm.

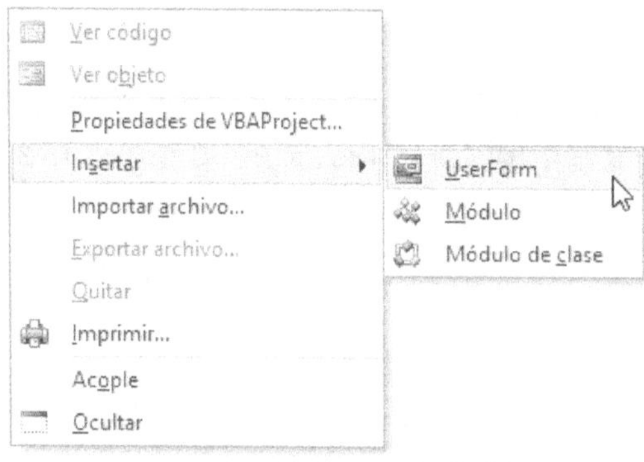

Ilustración 35. Insertar un UseForm en VBA

Sino visualiza el Refedit haga clic con el botón derecho del ratón encima del "cuadro de Herramientas" y luego en "controles adicionales".

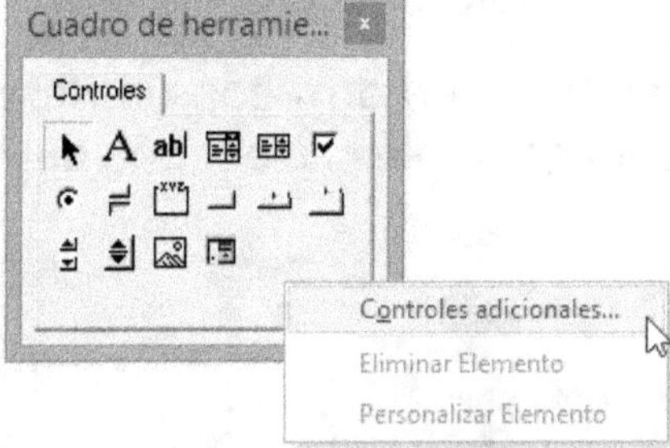

Ilustración 36. Insertar controles adicionales

Luego aparecerá la siguiente ventana. Seleccione "Refedit":

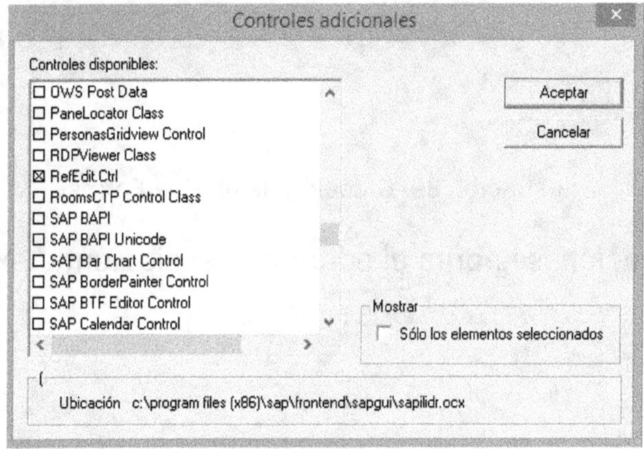

Ilustración 37. Controles adicionales del tipo RefEditCtrl

Seguidamente observará en el cuadro de herramientas el siguiente icono:

Ilustración 38. Icono del RefEdit

Mediante un ejemplo, se analizará como de interesante es el Refedit. Para ello, observe un ejemplo de cómo sumar un conjunto de celdas, sólo seleccionándolas.

Para ello, cree un UserForm con un Refedit y un botón de aceptar. Luego, haga doble clic encima del botón aceptar (1).

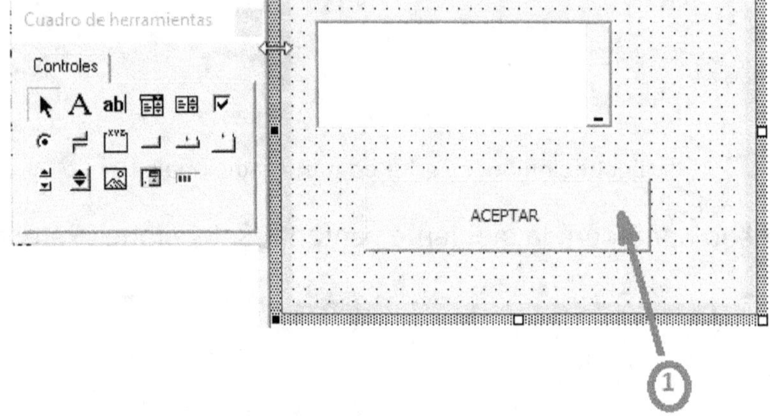

Ilustración 39. Creación de un UserForms

A continuación, se abrirá el editor con el siguiente texto:

```
Option Explicit

Private Sub ACEPTAR_Click()

End Sub
```

Entre Private Sub y End Sub, agregue el siguiente código:

```
Private Sub ACEPTAR_Click()

Dim a As String
Range("A1").Clear
a = RefEdit1.Value
Range("A1").FormulaLocal = "=suma(" & a & ")"

End Sub
```

Luego, pulse en ejecutar ▶. Aparecerá una ventana emergente. El Refedit se rellenará con las celdas seleccionadas y al pulsar el botón "ACEPTAR" se realizará la suma.

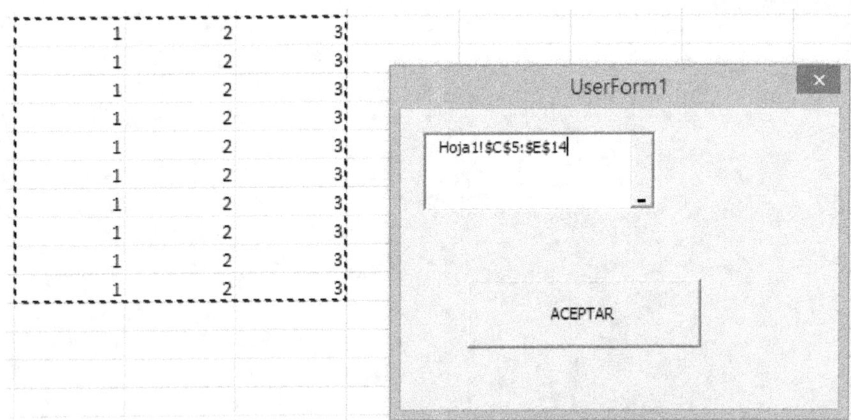

Ilustración 40. Suma de las celdas seleccionadas

15.
MEDIDA DEL TIEMPO EN VBA
PARA MS EXCEL

En VBA para MS Excel, el tiempo se maneja principalmente utilizando los objetos *"Date"* y sus funciones y propiedades relacionadas. Una de ellas es propiedad *"Now"* la cual se emplea para obtener la fecha y la hora actual, mientras que la función "Time" devuelve la hora actual sin la fecha.

1. Para obtener la fecha y la hora actual

```
Sub Tiempo()

    MsgBox now

End Sub
```

2. Obtener la hora actual

```
Sub Tiempo()

    MsgBox Time

End Sub
```

3. Formatear fechas y horas

```
Sub Tiempo()

    MsgBox Format(now, "dd/mm/yyyy hh:mm:ss")

End Sub
```

4. Convertir una cadena en un objeto tipo "Date":

```
Sub Tiempo()

    Dim hora As Date
    hora = TimeValue("10:30:00")

End Sub
```

15. 1. Cronómetro en VBA para Excel

En cuanto al cronómetro, VBA no proporciona una función específica para crear un cronómetro en tiempo real. Sin embargo, puede emplear las funciones anteriormente mencionadas para cronometrar el tiempo en alguna de sus unidades.

Si desea un cronómetro en una celda concreta de la "hoja1" de cálculo, puede usar el siguiente código. Éste es un contador de tiempo por cada segundo.

```
Option Explicit
Sub auto_open()
tiempo
End Sub
Sub tiempo()
Worksheets("Sheet1").Range("A1").Formula = Now()
Application.OnTime Now + TimeValue("00:00:01"), "tiempo"
End Sub
```

Si no se visualiza correctamente el tiempo, seleccione la celda y diríjase a home⊠ formato de número ⊠ Time. Entonces observará cómo corren los segundos.

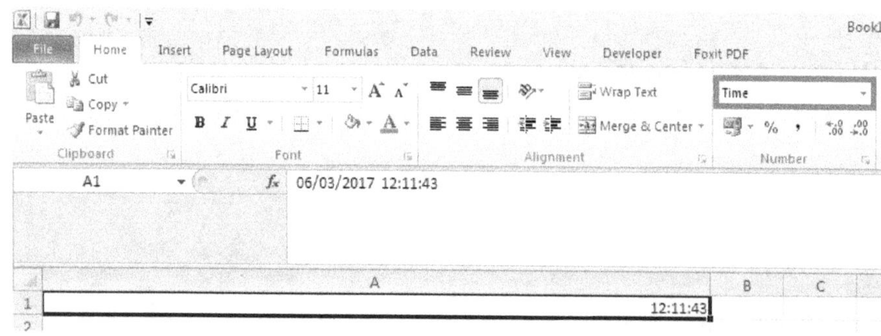

Ilustración 41. Cronómetro con VBA

15. 2. Desplazarse una celda cada segundo

Otro interesante ejercicio es bajar una fila cada segundo. El problema es parecido al anterior y se puede realizar mediante el siguiente código.

```
Option Explicit
Sub auto_open()
tiempo
End Sub
Sub tiempo()
Dim t, a As Integer
t = Second(Now())
Range("a1").Value = t
Application.OnTime Now + TimeValue("00:00:01"), "tiempo"

If t >= 0 Then
a = 1
End If
ActiveCell.Offset(a, 0).Select
End Sub
```

La aplicación se inicia en sub auto_open() y llama a sub tiempo(). En tiempo, se declaran dos variables las cuales almacenan los valores. La unidad temporal de tiempo "t" son segundos.

En A1 se visualizará el valor de "t" y si "t >= 0" (esto siempre es así), entonces baja el valor a = 1. Es decir, cómo el programa es un bucle, cada segundo "a" será igual a 1 y bajará una celda. Sino pusiera este condicional, bajaría un lugar, luego dos, luego tres... pero no de uno en uno.

16.
EL WITH

El with es un estamento que ejecuta un paquete de instrucciones sin que sea necesario referirse al mismo objeto evitando repetir código, incrementando la claridad de éste y aumentando la velocidad de ejecución de las rutinas. Su sintaxis es la siguiente:

```
With Objeto

…Instrucciones (…)

End With
```

Un ejemplo interesante y explicativo del concepto "With":

```
With ActiveSheet

        .Range("A1").Value = Producto

        .Range("A2").Value = Precio

        .Range("A3").Value = Cantidad

        .Range("A4").Value = Total

End With
```

En el anterior ejemplo, el objeto *"ActiveSheet"* se ha mencionado una única vez y no cuatro. Otro ejemplo de utilización es el siguiente:

```
Set MiCelda = Worksheets(1).Range("B5")

With MiCelda

        .MiCelda.Value = 12

        .Font.Bold = True

        .Font.Italic= True

End With
```

17.
LLAMAR A UN PROCEDIMIENTO

En VBA para MS de Excel se suelen emplear un concepto que se conoce por llamadas con el objetivo de organizar, ordenar y reutilizar el código mediante procedimientos y subprocedimientos más pequeños y específicos. Dicho concepto mejora la legibilidad, el mantenimiento y la capacidad de trabajar en equipos de trabajo mayores. Algunas de las ventajas son las siguientes:

▶ Modularidad: Dividir el código en procedimientos y subprocedimientos más pequeños permite abordar y enfocar problemas específicos de manera individual.

▶ Reutilización del código: El empleo de las llamadas permite escribir un trozo de código y usarlo en distintas partes del programa evitando duplicidades, mejorando la eficiencia y la consistencia del desarrollo.

▶ Legibilidad: Al tener procedimientos y subprocedimientos más pequeños y específicos, el código se vuelve más legible y comprensible. Además, otros programadores pueden entender más rápidamente qué realiza el código sin tener que estudiar la totalidad del programa.

▶ Mantenibilidad: Cuando se necesita realizar cambios o correcciones en el código es más fácil realizarlo en procedimientos reducidos e individuales en lugar de tener que buscar y modificar un código disperso en todo el programa.

▶ Facilitar el trabajo en equipo: Si se trabaja en equipos de desarrolladores, dividir el código en procedimientos y subprocedimientos facilita la colaboración. Cada desarrollador puede centrarse en sus diferentes procedimientos para posteriormente integrarlos en el programa principal.

Por lo que las llamadas a procedimientos ayudan a mejorar la organización, la legibilidad, el mantenimiento y la reutilización del código mejorando su eficiencia y calidad. El siguiente esquema muestra de forma simplificada que cuando un procedimiento llama a otro procedimiento, el primero dará paso a la ejecución del segundo para luego regresar al primero y terminar.

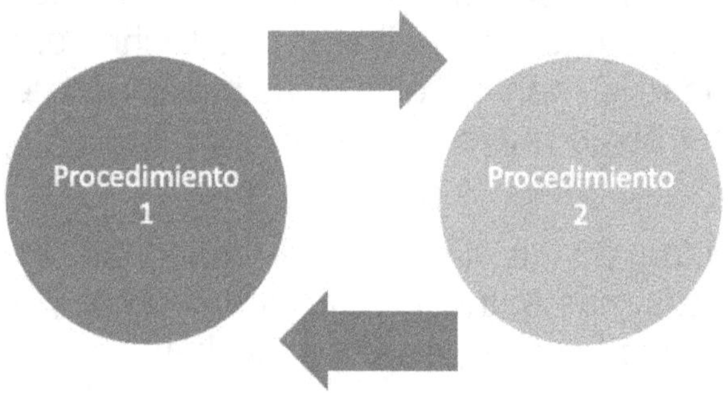

Ilustración 42. Llamadas a procedimientos

Para llamar a un procedimiento desde otro procedimiento se puede opcionalmente emplear la palabra reservada *"Call"*. En el siguiente ejemplo, se define una subrutina llamada "primero" que muestra dos mensajes, el primero: *"Éste es el primero"* y el segundo: *"Éste es el segundo"*. El primer procedimiento llama al segundo, lo ejecuta, vuelve al primero y emite el último mensaje. Los dos ejemplos siguientes realizan la misma función, pero sin y con la palabra clave reservada "call":

```
Sub hola()

    primero
    MsgBox "Éste es el segundo"

End Sub

Sub primero()

    MsgBox "Éste es el primero"

End Sub
```

```
Sub hola()

    Call primero
    MsgBox "Éste es el segundo"

End Sub

Sub primero()

    MsgBox "Éste es el primero"

End Sub
```

Observe por ejemplo un caso de multiplicación de dos números, "a" y "b", mediante el empleo de una función.

```
Sub hola()
MsgBox multiplicacion(2.4, 7.3)
End Sub

Function multiplicacion(a, b)
multiplicacion = a * b
End Function
```

Cómo se observa la estructura es la que sigue:

```
Sub Nombre_del_programa_principal()

    < Instrucciones >

Call Nombre_de_la_funcion/subprocedimiento(argumento 1,
argumento 2, argumento 3, etc)

    < Instrucciones >

End sub

Sub Procedimiento(Parámetro1 as Tipo, Parámetro2 As
Tipo,..., Parámetro3 As Tipo, etc.)

    < Instrucciones >

End sub
```

Es importante mencionar que debe existir coincidencia de tipo en los parámetros. Es decir, si el primer parámetro es una variable del tipo Integer, el primer valor que se le debe pasar al procedimiento cuando se le llama también ha de ser de tipo Integer.

18.
INSTRUCCIONES MÁS COMUNES

Aquí se dan las instrucciones más comunes para ser utilizadas en VBA de Excel.

18. 1. Seleccionar una Celda

```
Range("A1").Select
```

18. 2. Escribir en una Celda Activa

```
Activecell.Value ="Agata"
```

18. 3. Letra Negrita en la celda seleccionada

```
Selection.Font.Bold = True
```

18. 4. Letra Cursiva en la celda seleccionada

```
Selection.Font.Italic = True
```

18. 5. Letra Subrayada en la celda seleccionada

```
Selection.Font.Underline = xlUnderlineStyleSingle
```

18. 6. Centrar Texto en la celda seleccionada

```
Selection.HorizontalAlignment = xlCenter
```

18. 7. Alinear a la izquierda en la celda seleccionada

```
Selection.HorizontalAlignment = xlLeft
```

18. 8. Alinear a la Derecha en la celda seleccionada

```
Selection.HorizontalAlignment = xlRight
```

18. 9. Tipo de Letra(Fuente) en la celda seleccionada

```
Selection.Font.Name = "AGaramond"
```

18. 10. Tamaño de Letra (Tamaño de Fuente) en la celda seleccionada

```
Selection.Font.Size = 15
```

18. 11. Método Copiar

```
Selection.Copy
```

18. 12. Método Pegar

```
ActiveSheet.Paste
```

18. 13. Método Cortar

```
Selection.Cut
```

18. 14. Ordenar Ascendente

El siguiente código ordena ascendentemente la columna A una vez seleccionada, con un encabezado en A1.

```
Selection.Sort Key1:=Range("A1"), Order1:=xlAscending,
Header:=xlGuess, _ OrderCustom:=1, MatchCase:=False,
Orientation:=xlTopToBottom
```

18. 15. Orden Descendente

El siguiente código ordena descendentemente la columna A una vez seleccionada, con un encabezado en A1.

```
Selection.Sort Key1:=Range("A1"), Order1:=xlDescending,
Header:=xlGuess, _ OrderCustom:=1, MatchCase:=False,
Orientation:=xlTopToBottom
```

18. 16. Buscar

El siguiente código busca la plabra hola, en toda la hoja de cálculo y se sitúa encima de ella.

```
Cells.Find(What:="hola", After:=ActiveCell, LookIn:=xl-
Formulas, LookAt:=xlPart, SearchOrder:=xlByRows, Search-
Direction:=xlNext, MatchCase:= False).Activate
```

18. 17. Insertar/añadir Fila

```
Selection.EntireRow.Insert
```

18. 18. Eliminar Fila

```
Selection.EntireRow.Delete
```

18. 19. Insertar Columna

```
Selection.EntireColumn.Insert
```

18. 20. Eliminar Columna

```
Selection.EntireColumn.Delete
```

18. 21. Abrir un Libro

```
Workbooks.Open Filename:="C:\Mis documentos\miArchivo.xls"
```

18. 22. Grabar un Libro

ActiveWorkbook.SaveAs Filename:="C:\Mis documentos\mio.xls", FileFormat:=xlNormal, Password:="", WriteResPassword:="", ReadOnlyRecommended:= False, CreateBackup:=False

18. 23. Hallar la división entera

Utilizar la contrabarra: `Worksheets("hoja1").Range("A1").Value = 10 \ 7`

18. 24. Calcular el residuo de una división

Utilizar el "mod" para hallar el residuo: `Worksheets("hoja1").Range("A2").Value = 10 Mod 3`

18. 25. Longitud de una Celda o Valor

Si desea conocer la cantidad de dígitos de una determinada celda o valor, puede emplear el método "Len".

Valor: Worksheets("hoja1").Range("A2").Value = LEN("1000")

Celda: Si desea conocer la longitud de un dato insertado en una determinada celda:

```vba
Sub longitud()
Dim e As String
e = Range("A1").Value
Worksheets("hoja1").Range("A2").Value = Len(e)
End Sub
```

18. 26. Buscarv

En VBA de Excel el método "buscarv" se emplea para encontrar un valor específico en un rango de celdas y devuelve la ubicación de la primera aparición de ese valor:

```vba
Option Explicit


Sub buscarv_ejemplo()

    'En este ejemplo el dato devuelto es un entero
    Dim dato As Integer

    'La siguiente instrucción buscará en A por "buscar_dato"
    'cuando lo encuentre devolverá el dato adyacente que hay en B
    dato = Application.VLookup("buscar_dato", Range("A:B"), 2, False)

    'Finalmente el dato se muestra en un cuadro de texto
    MsgBox dato

End Sub
```

18. 27. Crear hoja Excel con VBA

Worksheets.add.name = "Agata"

18. 28. Eliminar una hoja en Excel

Por ejemplo, si desea eliminar la "hoja2" del libro, entonces:

```vba
Sub eliminar_hoja2()
On Error Resume Next
Sheets("hoja2").Delete
End Sub
```

El *"On error resume next"* evita errores de compilación si la "hoja2" existiera. Posteriormente se analizará la complejidad en el manejo de errores.

En este otro ejemplo, compruebe si existe la hoja 1, y en tal caso, la elimina:

```
If Worksheets(1).Name = "Hoja1" Then
      Sheets("Hoja1").Delete
End If
```

18. 29. Borrar todas las celdas de una hoja entera

Para borrar todo el contenido de una hoja, se puede utilizar el siguiente código.

```
Sub eliminar_informacion()
Worksheets(1).Cells.Clear
End Sub
```

18. 30. Ocultar/mostrar hojas de cálculo

18.30.1. *Para ocultar:*

En VBA para MS Excel se puede ocultar celdas empleando la propiedad "Hidden" para un determinado objeto como filas o columnas. Por ejemplo:

```
Option Explicit

Sub ocultar()

      Range("1:1").EntireRow.Hidden = True
      Range("A:A").EntireColumn.Hidden = True

End Sub
```

18.30.2. Para mostrar:

Por el contrario, si se desea mostrar las filas y columnas antes ocultadas, cambie de true a false:

```
Option Explicit

Sub mostrar()

      Range("1:1").EntireRow.Hidden = False
      Range("A:A").EntireColumn.Hidden = False

End Sub
```

Luego, para mostrar una hoja que se había ocultado:

```
Sub mostrar_hoja()
Worksheets(1).Visible = True
End Sub
```

18. 31. Selecciones especiales para el bucle For

A veces interesa seleccionar fila a fila o columna a columna dentro de un bucle *"for"*. Esto se puede lograr de la siguiente manera:

```
Worksheets("hoja1").range(cells(2,b), cells(1345, b)).
select
```

18. 32. Contar rango celdas no vacías

```
Application.WorksheetFunction.CountA("G:G")
```

18. 33. Copiar una celda de "A1" a "B1" en la misma hoja Excel

Copiar la celda A1 de la "hoja 2" a la celda B1 de la "hoja 2".

```
Option Explicit

Sub copiar()

    Worksheets("hoja2").Range("A1").Copy
    Worksheets("hoja2").Range("B1").PasteSpecial xlPasteAll
    Application.CutCopyMode = False

End Sub
```

18. 34. Copiar un conjunto de filas y columnas de una hoja excel a otra

```
Sub copiar()

Range("A1:D10000").Copy ⊠ Copia el rango de celdas de A a
D. Es decir el vértice superior A1 hasta el vértice infe-
rior derecho D10000.
```

```
Worksheets("hoja2").Range("A1:D10000").PasteSpecial xl-
PasteAll ☒ Pega el rango de celdas de A a D. Es decir,
desde el vértice superior A1 hasta el vértice inferior
derecho D10000.

Application.CutCopyMode = False

End Sub
```

18. 35. Alternativas de copiado

Aquí se comentan otras maneras de copiar y pegar celdas en VBA-Excel

18. 36. Copiar la columna A en la columna B

```
Range("A:A").copy destination:=range("B:B")
```

18. 37. Copiar la fila 1 a la fila 2

```
Range("1:1").copy destination:=Range("2:2")
```

18. 38. Copiar la celda A1 a la celda B1 de la hoja 3

```
worksheets("hoja3").Range("A1").copy destination:=works-
heets("hoja3").Range("B1")
```

18. 39. Copiar la celda A1 de la hoja2 a la celda B1 de la hoja3

```
Worksheets("hoja2").Range("A1").copy destination:=works-
heets("hoja3").Range("B1")
```

18. 40. Conocer la posición de la celda activa

Fácilmente se puede conocer la posición de la celda activa con la siguiente función:

▶ `ActiveCell.Row`

▶ `ActiveCell.Column`

En el siguiente ejemplo, cada vez que se ejecute el programa, la posición de la celda activa se mostrará en las celdas A1 y A2.

```
Option Explicit

Sub posicionCelda()

    Range("A1").Value = activecell.Row
    Range("A2").Value = activecell.Column

End Sub
```

18. 41. Saltar de celda activecell.offset

La función offset permite desplazarse a través de una hoja de cálculo, de la misma manera que con las flechas del teclado.

▶ `ActiveCell.Offset(0,0).select`: No te muevas. Sigue en la misma celda activa.

▶ `ActiveCell.Offset(1,0).select`: Avanza una fila hacia abajo.

▶ `ActiveCell.Offset(-1,0).select`: Sube una fila. No cambies de columna.

▶ `ActiveCell.Offset (2,-1).select`: Baja dos filas y ves hacia la izquierda una columna.

▶ `ActiveCell.Offset(-3,4).select`: Sube tres filas y ves hacia la derecha cuatro columnas.

▶ `ActiveCell.Offset(-1,1).Select`: sube una fila y ves hacia la derecha una columna.

▶ `ActiveCell.Offset(1,-1).Select`: baja una fila y ves hacia la izquierda una columna.

▶ `ActiveCell.Offset(-1,-1).Select`: sube una fila y vez hacia la izquierda una columna.

▶ `ActiveCell.Offset(1,1).Select`: baja una fila y vez hacia la derecha una columna

18. 42. Último número de la fila de un listado

Para conocer el último valor de un listado de datos, se puede usar el siguiente código, siendo muy interesante con el bucle "for":

```
Range ("A1") .value = Range ("B" & Rows.Count) .End (xlUp) .
Row
```

18. 43. Crear un filtro con VBA

Primero seleccione la hoja de trabajo en la que se quiere implementar el filtro con VBA:

```
Sheets ("hoja1") .select
```

Luego seleccione la fila del filtrado

```
Rows ("2:2") .select
```

Seleccione el criterio de filtrado. Por ejemplo, filtre en la columna 20 por el criterio de espacios en blanco y con los valores comprendidos en el rango de B2 a U8000:

```
ActiveSheet.Range ("$B$2:$U$8000") . Autofilter Field:=20,
Criteria1:="="
```

Nota 1: Filtra celdas sin valor o en blanco: "="

Nota 2: Filtra las celdas que contienen valores (no son celdas en blanco): "<>"

Nota 2: Contiene un valor determinado. Por ejemplo, si se desea el valor unidad: "1"

18. 44. Colorear celdas con VBA

Hay varias formas de colorear las celdas. Una manera es empleando el método `ColorIndex` (para utilizar uno de los 56 colores "prestablecidos" de Excel). Un código para cambiar el color de una celda activa sería:

```
ActiveCell.Interior.ColorIndex = 36
```

Y si desea cambiar el color de un rango entero de celdas:

```
Range("A1:A6").Interior.Color = RGB(200, 160, 27)
```

La diferencia entre las propiedades ColorIndex y RGB es que con el primero hay prefijados 56 colores. En cambio, RGB permite jugar con el espectro de colores rojo, verde y azul hasta conseguir una determinada tonalidad con infinitas variaciones.

Observe con este sencillo código, los 56 colores antes comentados que es capaz de "pintar" Excel con sus colores predeterminados:

```
Option Explicit

Sub inidicecolor()
Dim i As Integer
Cells(1, 1).Value = "indice"
Cells(1, 2).Value = "color"
For i = 1 To 56
Cells(i + 1, 1).Value = i
Cells(i + 2, 2).Interior.ColorIndex = i
Next i

End Sub
```

Índice	color	Índice	color	Índice	color	Índice	color
0	Neutro	14		28		42	
1		15		29		43	
2	Blanco	16		30		44	
3		17		31		45	
4		18		32		46	
5		19		33		47	
6		20		34		48	
7		21		35		49	
8		22		36		50	
9		23		37		51	
10		24		38		52	
11		25		39		53	
12		26		40		54	
13		27		41		55	

Tabla 8. Paleta de colores mediante el ColorIndex

En la anterior paleta de colores, el "0" es ausencia de color, es decir, el color blanco de las celdas por defecto. El "2" es el color blanco en sí mismo y ambos pueden parecer iguales en una misma celda.

18. 45. Macro para resaltar la celda activa

Este código cambia a un determinado color la celda activa. Para ello sitúe el código en un ThisWorkbook:

```
'Sitúe este código en ThisWorkbook:

Public celdaAnterior As Range
Public ColorAnterior As Long


Private Sub workbook_open()

    ColorAnterior = ActiveCell.Interior.Color
    Set celdaAnterior = ActiveCell

End Sub

Private Sub workbook_sheetselectionchange(ByVal sh As Object, _
 ByVal target As Range)
On Error Resume Next

    celdaAnterior.Interior.Color = ColorAnterior
    ColorAnterior = ActiveCell.Interior.Color
    ActiveCell.Interior.Color = RGB(153, 204, 0)
    Set celdaAnterior = ActiveCell

End Sub

Private Sub workbook_beforeSave(ByVal saveAsUI As Boolean, _
 cancel As Boolean)

    celdaAnterior.Interior.Color = ColorAnterior

End Sub
```

18. 46. Celdas de un listado

Para contar conocer el número de celdas de un listado en una columna, se puede utilizar:

```
a = Worksheets("hoja1").Range("A" & Rows.Count).End(xlUp).Row
```

Es muy útil cuándo, por ejemplo, se dispone de un "`For`" y que un listado va desde j = 2 hasta su fin.

18. 47. Calcular el mínimo y máximo de una columna

El cálculo del mínimo y máximo de una columna cualquiera se realiza con las siguientes funciones:

```
Minimo = Application.WorksheetFunction.Min(Works-
heets("Hoja1").Range("F:F"))

Maximo = Application.WorksheetFunction.Max(Works-
heets("Hoja1").Range("F:F"))
```

18. 48. Número de días entre dos fechas

Para conocer los días que hay entre una fecha inicial y otra final, se realiza con la siguiente función:

```
dias = Application.WorksheetFunction.Days(fechaFinal, fe-
chaInicial)
```

18. 49. Contar celdas

Para contar celdas repetidas en la columna B sin contar con el encabezado (requiere de un bucle for) es:

```
a = Application.CountIf(Worksheets("Sheet1").Range("B2:B"
& numeroCeldas), Cells(i, 2))
```

19.
PROGRAMACIÓN API

Se utiliza este tipo de programación cuándo es necesario recurrir a aplicaciones externas que no se podrían realizar directamente con EXCEL. Es decir, ejecutar aplicaciones externas a EXCEL y cerrarlas desde EXCEL. La palabra API es un acrónimo proveniente del inglés: Application Programming Interface (Interfaz de Programación de Aplicaciones).

Por ejemplo, suponga que desea conocer la temperatura actual de una ciudad determinada y mostrarla en una celda de Excel. Esto de forma predeterminada no existe en MS Excel. Pero se puede obtener empleando una herramienta conocida por API. Por ejemplo, se puede emplear la API de una empresa externa como OpenWeatherMap. Para realizar esto, primero necesita obtener una clave gratuita en el sitio web de OpenWeatherMap (https://openweathermap.org ⊠ "Sign up" ⊠ Regitro ⊠ Generate API keys"). Una vez disponga de la clave, se dirige al editor de código (se puede acceder directamente con Alt + F11). Luego: menú ⊠ Herramientas ⊠ selecciona las referencias y busca la casilla de *Microsoft WinHTTP Services*" y marca la casilla para habilitarla.

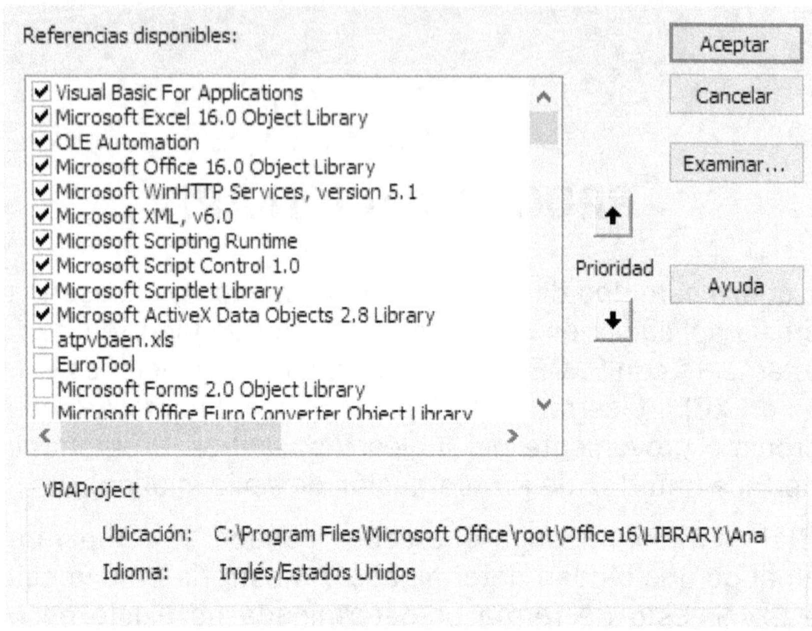

Ilustración 43. Referencias necesarias para el empleo de APIs en VBA para Excel

Algunas de las anteriores referencias son interesantes si se emplea "json", algo muy normal cuando se trabaja con API'S. Ahora, en el editor inserte el siguiente código:

```vba
Sub ObtenerDatosClima()

    Dim apiKey As String
    apiKey = "7███████████████████████d"

    Dim ciudad As String
    ciudad = "La Pobla de Segur"

    Dim url As String
    url = "https://api.openweathermap.org/data/2.5/weather?q=" & _
    ciudad & "&appid=" & apiKey

    Dim http As Object
    Set http = CreateObject("MSXML2.XMLHTTP")
    http.Open "GET", url, False
    http.Send

    Dim respuesta As String
    respuesta = http.ResponseText
    Range("A1").Value = respuesta

End Sub
```

Obteniendo la siguiente información en la celda A1:

{"coord":{"lon":0.9667,"lat":42.25},"weather":[{"id":800,"main":"Clear","description":"clear sky","icon":"01n"}],"base":"stations","main":{"temp":281.97,"feels_like":280.66,"temp_min":281.97,"temp_max":281.97,"pressure":1020,"humidity":50},"visibility":10000,"wind":{"speed":2.38,"deg":21,"gust":2.24},"clouds":{"all":2},"dt":1680474131,"sys":{"type":2,"id":2004983,"country":"ES","sunrise":1680500153,"sunset":1680546169},"timezone":7200,"id":3113298,"name":"la Pobla de Segur","cod":200}

La temperatura es de "temp: 281.97" y está referenciada en grados Kelvin. Para obtenerla en ºC es necesario restar 273,15. Es decir, 280,6ºK − 273,15 = 7,45 ºC. Es lógico, puesto ser un lugar elevado en el corazón de los Pirineos en otoño. Además, se puede crear una función que se encargara de obtener los datos de interés y mostrarlos en el lugar deseado de nuestra hoja de cálculo.

Éste es sólo un ejemplo muy sencillo de cómo emplear una API en VBA para Excel, y puede ser muy útil para automatizar tareas y obtener información de fuentes externas a Excel.

En la vida diaria se emplean APIs para casi todo. Por ejemplo, cuando se manda nuestra localización GPS a un amigo, a través de ciertas aplicaciones comerciales, se llama a una API de Google Maps o de otra plataforma comercial. En términos muy simples, un API permite a dos aplicaciones comunicarse y compartir información entre sí de una manera muy concreta.

Explicado de otra forma, cuando una empresa de mensajería añade un servicio de geolocalización, lo normal es emplear una API. Si no fuera así, esta empresa debería crear tal servicio y posiblemente no lo haría tan bien como empelando una API de una empresa dedicada total o parcialmente a ello.

En este otro ejemplo, se obtiene un calificativo aleatorio sobre gatos de una web externa a MS Excel y sin necesidad de API key. Para ello, escriba el siguiente código:

```vba
Sub ObtenerCatFact()

    Dim xhr As New MSXML2.XMLHTTP60
    Dim url As String
    Dim respuesta As String
    Dim hecho As String
    Dim inicio As Long
    Dim fin As Long

    url = "https://cat-fact.herokuapp.com/facts/random"

    xhr.Open "GET", url, False
    xhr.Send

    respuesta = xhr.ResponseText
    inicio = InStr(respuesta, "text"":""") + 7
    fin = InStr(inicio, respuesta, """", vbBinaryCompare)
    hecho = Mid(respuesta, inicio, fin - inicio)
    Range("A1").Value = hecho

End Sub
```

20.
EVENTOS EN VBA DE EXCEL

Los eventos en VBA son procedimientos que se ejecutan como resultado de una acción del usuario o del código del programa, por ejemplo, pulsar una tecla o abrir un libro. Los eventos de VBA de Excel permiten controlar y responder a diferentes acciones que ocurren dentro de una hoja de cálculo o en el entorno de Excel en General.

1. Eventos en la hoja de cálculo: Los eventos en la hoja de cálculo se activan cuando ocurren acciones específicas dentro de la hoja como cambiar el valor de una celda o al guardar un libro de Excel.

2. Eventos de libro: Estos eventos se relacionan con el libro de Excel. Se activan al abrir o cerrar una hoja de cálculo específica o se realiza alguna otra acción en el libro.

3. Eventos de aplicación: Este tipo de eventos se relacionan con el entorno de Excel. Se activan al abrir o cerrar Excel, al realizar alguna acción en la barra de herramientas o se cambia alguna opción en la configuración.

Para comprender mejor el alcance de esta herramienta, el siguiente ejemplo le ayudará a su comprensión. Para ello una ventana emergente mostrará un mensaje al abrir una hoja de cálculo.

Cómo se desea que el mensaje aparezca al abrir el libro, se debe actuar sobre todo el libro. Por lo que el evento se escribirá en *"Thisworkbook"*:

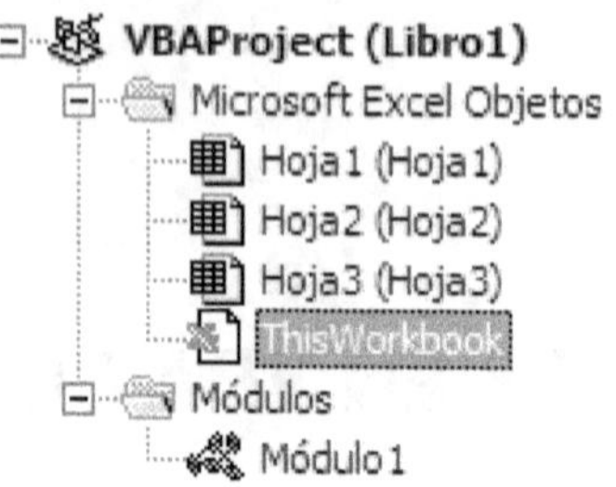

Ilustración 44w. ThisWorkbook en el árbol de proyectos

Luego aparecerá una lista de desplegables y seleccione Workbook:

Ilustración 45. Selección del libro de trabajo

Luego a su derecha aparecerá otro desplegable dónde elegirá el deseado:

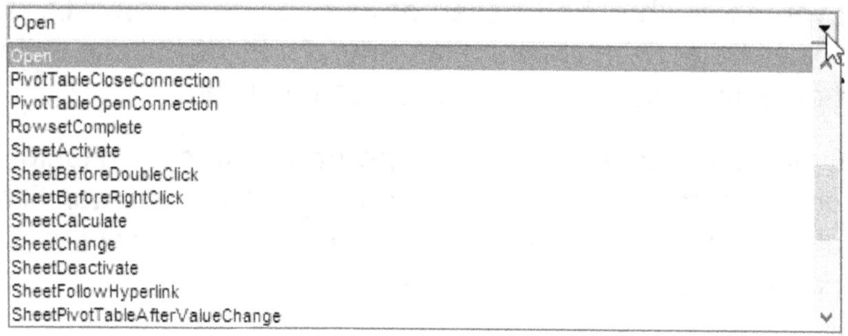

Ilustración 46. Selección de "open" de la lista de propiedades y métodos

Luego seleccione "Open". Esto permitirá realizar una acción al abrir el libro. Al seleccionar un evento se escribirá automáticamente las siguientes líneas: *Private Sub Workbook_Open() .... End Sub*. Entre éstas líneas escriba las instrucciones deseadas. En muestro caso un mensaje.

```
Private Sub Workbook_Open()

MsgBox "Hola Mundo"

End Sub
```

Luego guarde el código y el libro, cierre la hoja de cálculo y vuélvala a abrir. Entonces deberá aparecer el siguiente cuadro:

Ilustración 47. Ventana emergente con un "Hola Mundo"

20. 1. Método OnKey: Application.OnKey(tecla, procedimiento)

El método "OnKey" es parte de la biblioteca de objetos de Excel y ejecuta un procedimiento específico en una hoja activa, cuando se presiona una tecla en particular o combinaciones de teclas, es decir, captura eventos de teclado. La sintaxis básica es:

```
Application.OnKey(tecla, Procedure)
```

Nombre	Obligatorio/ opcional	Tipo de dato	Description
Tecla	obligatorio	String	Un string indicando la Tecla a ser presionada.
Procedimiento	Opcional	Variant	Un string indicando el nombre del procedimiento que se ejecutará. Si el procedimiento es "", entonces nada sucede cuando se presiona la tecla en cuestión.

Tabla 9. Método onKey. Tecla y procedimiento.

La tecla puede ser activada mediante una combinación de ALT, CTRL, SHIFT, o directamente la tecla deseada.

Hay que tener en consideración que al emplear el método "OnKey", debe asegurarse el tener deshabilitado cualquier asociación de teclas al finalizar el código o cuando no se necesite capturar los eventos del teclado. Esto es especialmente importante si se comparte el archivo con otros usuarios o si se desea mantener el comportamiento determinado de las teclas de Excel.

20. 2. Ejemplo OnKey 1: Escribir el número 1 en "A1" al pulsar la tecla "s"

Si ejecuta el siguiente código y pulsa la letra "s", podrá observar cómo se escribe el número 1 en la celda "A1".

```vba
Sub asignar()
Application.OnKey "s", "escribe1"
End Sub
```

```vba
Sub escribe1()
Worksheets("hoja1").Range("A1").Value = 1
End Sub
```

21.
LOS BUCLES

Los bucles (Loop en inglés) son una estructura de control que permite repetir un bloque de código un determinado número de veces. Esta poderosa herramienta es muy útil cuando se desea ejecutar una serie de instrucciones de manera iterativa hasta que se cumple una determinada condición. Existen varios tipos de bucles:

▸ Bucles del tipo For

▸ Bucles del tipo Do

21. 1. "For" – "Next"

El bucle For-Next, es un bucle de los más útiles y comunes en VBA, el cual permite repetir una serie de instrucciones un número específico de veces, controlando el inicio, el final y el paso de cada iteración.

```
For inicialización de la variable To límite

Instrucciones

Next
```

Por ejemplo, realice una suma desde el 1 al 1000, de uno en uno, sumando el sucesor al anterior. El valor inicial, sino se indica lo contrario, es i = 0.

```
For i = 1 To 1000

i = i + 1

Next
```

Esto es igual a:

- 1 = 0 + 1

- 2 = 1 + 1

- 3 = 2 + 1

- 4 = 3 + 1

etc.

Observe otro caso práctico de la utilidad del bucle "for-next" mediante un ejercicio dónde se concatenan las celdas de la columna A y B en la columna D:

```
For i = 1 to 100

Range("D" & i).Value = Range("A" & i).Value & Range("B" & i).Value

Next
```

	A	B	C	D
1	a	b		ab
2	c	fd		cfd
3	d	fdsfd		dfdsfd
4	e	feF		efeF
5	f	b		fb
6	g	fdf		gfdf
7	h	f		hf

Ilustración 48. Ejemplo de concatenación de celdas

21. 2. La instrucción "For - each"

La instrucción "For-Each" en inglés significa "para cada". El *for each [XXXX] in [YYYY]* permite la manipulación de un conjunto de objetos de un mismo tipo tales como celdas, hojas, libros, archivos, objetos gráficos y repetir un conjunto de instrucciones para cada elemento de una colección o matriz.

- [XXXX] ⊠ ***Elemento del grupo:*** Es obligatorio y hace referencia a cada uno de los objetos con los que se trabajará. (MiCelda)

▸ [YYYY] ☒ ***Grupo:*** Es el nombre del conjunto de grupos. (la selección)

El Exit For es opcional. Se suele utilizar en expresiones *"If… then"*, y así poder salir del bucle.

En el siguiente ejemplo muestra como colorear varias celdas de un determinado rango, con un el máximo de 56 colores.

```
Sub pintar()

For Each cell In Range("A1:A56")

a = a + 1

cell.Interior.ColorIndex = a

Next

End Sub
```

Este otro ejemplo permite cambiar el nombre de cada hoja, por uno nuevo contenido en la celda A1:

```
Sub hoja_nombre()

For Each hoja In ThisWorkbook.Worksheets

hoja.Name = hoja.Range("A1").Value

Next

End Sub
```

Este tercer ejemplo suma las celdas de una selección entera:

```
Sub hoja_nombre()

For Each cell In Selection

suma = suma + cell.Value
ActiveSheet.Range("E1").Value = suma

Next

End Sub
```

21. 3. Los bucles "Do"

Los bucles "do" son estructuras repetitivas que permiten ejecutar e iterar un conjunto de instrucciones hasta que se cumpla una condición específica. En el mundo de la programación este tipo de estructuras fundamentales se conocen por: bucles, iterativas, lazos, entre otros nombres.

En las estructuras repetitivas es habitual emplear contadores o autoincrementales, acumuladores, salidas del bucle y saltos. Algunos ejemplos:

▸ Contador o autoincremental: c = c + 1, c = c − 1. En otros lenguajes es el c++ o c--.

▸ Acumulador: c = c + x, j = j − i.

▸ Salir del bucle: *"Exit Do"* ó *"Exit For"*.

▸ Continuar al inicio del bucle Do While y For: "Continue".

Los bucles Do, se pueden clasificar en cuatro tipos principales:

a. DO WHILE − LOOP: Mientras se cumpla una condición inicial se repite el bucle. Las instrucciones se ejecutan primero y luego se evalúa la condición. Si la condición es falsa se sale del bucle.

b. DO - LOOP WHILE: Repite los cálculos ya desde el principio mientras se cumpla una condición. Cómo mínimo se ejecuta el bucle una vez.

c. DO - LOOP UNTIL: Repite los cálculos ya desde el principio hasta que se cumple una condición. Cómo mínimo se ejecuta el bucle una vez.

d. DO UNTIL - LOOP: Es parecido al "Do While" pero se repite hasta que se cumpla una condición.

La diferencia entre ellas está en dónde se produce el inicio del bucle y el fin mediante una condición determinada. En a) la condición está al principio y no sucede nada mientras no se cumpla. En b) la condición está al final y se ejecuta como mínimo una vez mientras se cumpla la condición. En c) se ejecuta el bucle una vez y sale de éste.

21. 4. Instrucción "Do While - Loop" o repite mientras

Los procedimientos repetitivos que utilizan el "for" se emplean cuándo se conoce previamente el número de veces que se ha de repetir un proceso. Por ejemplo, contar diez valores, recorrer cincuenta celdas o treinta filas, etc. Pero hay ocasiones en los que se desconoce el número exacto de veces que se debe repetir un proceso. Por ejemplo, suponga que ha de recorrer un rango de filas en los que no se sabe cuántos valores habrá (esto es, cuantas filas llenas habrá), en ocasiones puede que haya diez, en ocasiones veinte, en ocasiones ninguna, etc. Para estos casos la estructura "for" no es la más apropiada, es más recomendable emplear la sentencia Do While...Loop en alguna de sus formas. Este tipo de estructura repetitiva está controlada por una o varias condiciones y la repetición del bloque de instrucciones dependerá del cumplimiento o no tales condiones.

```
Do While (Condición o condiciones)

    <instrucción1>

    <instrucción2>

    < . . . >

    <instrucción N>

Loop
```

Para entender estos conceptos, se puede realizar en el editor de VBA el siguiente simple problema, donde una iteración se ejecutará si se cumple una determinada condición:

```
Sub ejemploDoLoopWhile()

    Dim contador As Integer
    contador = 1

        Do While contador <= 5
            MsgBox contador
            contador = contador + 1

        Loop

    End Sub
```

En el anterior ejemplo un contador cuenta el número de veces que se realiza una iteración. Al final de cada una de ellas se evalúa la condición inicial. El bucle Do se ejecutará mientras la condición inicial es verdadera.

21. 5. Instrucción Do-Loop While

El funcionamiento de esta estructura repetitiva es parecido a la anterior salvo que la condición se evalúa al final. La inmediata consecuencia de esto es que las instrucciones del cuerpo del bucle se ejecutaran al menos una vez. Con el siguiente ejemplo, se comprenderá mejor el concepto:

```
Sub ejemploDoLoopWhile()

    Dim contador As Integer
    contador = 1

        Do
            MsgBox contador
            contador = contador + 1

        Loop While contador <= 5

    End Sub
```

21. 6. Instrucción Do...Loop Until (hasta que se cumpla la condición)

La instrucción Do...Loop Until, es otra estructura repetitiva que evalúa la condición al final. Observe que la interpretación es diferente puesto que el bucle se repite hasta que se cumple la condición, no mientras se cumple.

El ejemplo anterior, se modificaría de la siguiente manera:

```
Sub ejemploDoLoopWhile()

    Dim contador As Integer
    contador = 1

        Do
            MsgBox contador
            contador = contador + 1

    Loop Until contador > 5

End Sub
```

Como se observa, este ejemplo es muy parecido al anterior, pero tiene unas diferencias sutiles:

▸ Do-Loop While: mientras la condición no supere 5, ejecuta las instrucciones.

▸ Do-Loop Until: cuando la condición sea mayor que 5, deja de ejecutar las instrucciones.

21. 7. Instrucción Do Until – Loop

Este tipo de bucle "Do" se ejecutará hasta que la condición sea verdadera. Posteriormente se saldrá del bucle y continuará con la siguiente instrucción que haya a continuación.

El siguiente ejemplo emplea un bucle Do until ...Loop para mostrar en un cuadro de diálogo los valores del contado del 1 al 5. La condición de salida del bucle es que el valor almacenado en la variable contador sea mayor que 5.

```
Sub ejemploDoLoopWhile()

    Dim contador As Integer
    contador = 1

        Do Until contador > 5
            MsgBox contador
            contador = contador + 1

        Loop

End Sub
```

Como pudo observar, las diferencias son sutiles, pudiendo emplear cualquier estructura repetitiva que se estime conveniente. Hay que tener en cuenta, pero, que una instrucción errónea puede producir un bucle infinito. Por lo que asegúrese de haber guardado previamente el código y realizar todas las comprobaciones necesarias antes de ejecutarlo.

22.
LA INSTRUCCIÓN "SET"

La instrucción SET permite asignar una referencia a un objeto. Se emplea especialmente cuando se trabaja con objetos de Excel tales como celdas, hojas, rangos, libros, u objetos creados en Excel. La instrucción "set" crea un vínculo entre la variable y el objeto de memoria.

Suponga que en un código se trabaja con el objeto Worksheets(1).Range("B5") y las instrucciones siguientes:

▸ Worksheets(1).Range("B5").value

▸ Worksheets(1).Range("B5").Font.Bold

▸ Worksheets(1).Range("B5").Font.Italic

Como observará se está repitiendo continuamente el objeto **Worksheets(1).Range("B5").** Luego, "Set" permite simplificar el código vinculando una variable al objeto en cuestión:

```
Set miCelda = Worksheets(1).Range("B5")
```

Por lo que, al usar la instrucción SET se reduce el código ya que evita escribir reiteradamente el mismo objeto, ahorrando además tiempo de computación.

▸ miCelda.value

▸ miCelda.Font.Bold

▸ miCelda.Font.Italic

En el siguiente ejemplo de código se analizará cómo se ahorra tiempo de programación. Para ello sustituya la instrucción worksheets("Hoja X"), por la instrucción SET h1, SET h2 y SET h3:

```vba
Sub nuevos()
Set h1 = Sheets("inventario")
Set h2 = Sheets("cnc")
Set h3 = Sheets("nuevos")
h1.Select
encontrado = 0
For i = 1 To h1.Range("B" & Rows.Count).End(xlUp).Row
    For j = 1 To h2.Range("A" & Rows.Count).End(xlUp).Row
        If h1.Cells(i, "B") = h2.Cells(j, "A") Then encontrado = 1
    Next
        If encontrado = 0 Then h1.Rows(i).EntireRow.Copy _
        h3.Range("A" & h3.Range("B" & Rows.Count).End(xlUp).Row + 1)
        encontrado = 0
    Next
End Sub
```

Si observa las hojas llamadas inventario, CNC y nuevos, se han "rebautizado" por h1, h2 y h3.

23.
ACTIVE X

Active X es una tecnología desarrollada por Microsoft que permite la creación de componentes reutilizables y extensibles para las aplicaciones de software. Estos componentes conocidos como controladores ActiveX, son objetos que pueden ser empleados en distintas aplicaciones como Excel, Word, Internet Explorer, etc.

23. 1. Controles ActiveX

Para insertar controles en su hoja de cálculo deberá tener activada la barra de controles ActiveX que se encuentra en la pestaña Programador/Desarrollador ⊠ opción Insertar, allí se encuentran las barras de controles de formulario y de controles ActiveX.

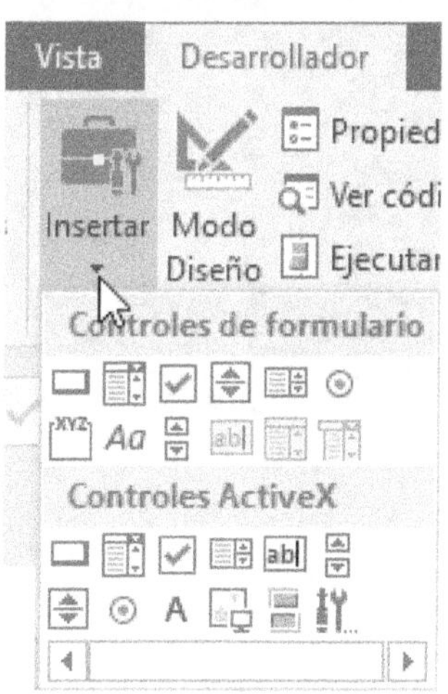

Ilustración 49. Controles ActiveX

Los controles ActiveX permiten realizar acciones como crear un botón sobre la misma hoja de cálculo, que al pulsarlo ejecute un determinado código:

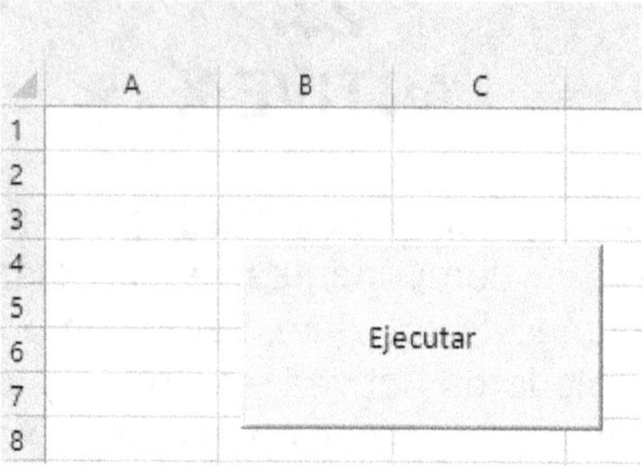

Ilustración 50. Añadiendo un control botón en una hoja de cálculo

Para insertar dicho código deberá hacer doble clic sobre el botón, abriendo automáticamente el editor de código asociado al evento "Clic" del botón. Allí puede programar un código y guardarlo. Luego, cuando haga clic sobre el botón en su hoja de cálculo, se ejecutarán las instrucciones programadas.

24.
SUB-PROGRAMAS, PROCEDIMIENTOS Y FUNCIONES

Cómo tantas cosas en la vida, *"divide y vencerás"*. Esta antigua regla se suele aplicar al campo de la programación informática consistiendo en fragmentar un extenso problema en problemas más reducidos encargados de resolver tareas específicas. Este proceso de división se conoce en programación como *"Top-Down design"* o *"diseño descendete"*, es decir, el diseño de arriba abajo.

Dicho tipo de diseño promueve la modularidad, la reutilización de código y la claridad en la estructura del programa. Al dividir el código en etapas y submódulos más pequeños también se facilita el desarrollo colaborativo y la solución de problemas, puesto que cada módulo se puede trabajar de forma independiente antes de ser integrado en el programa completo. La programación descendente es un enfoque sistemático y estructurado de programación para el desarrollo de software que permite un diseño gradual y modular del programa empezando desde un nivel alto y descendiendo hasta niveles más detallados.

Este tipo de programación necesita principalmente de sub-algoritmos o sub-programas llamados **procedimientos** y **funciones.**

Como antes se ha analizado, la diferencia entre procedimientos y subprocedimientos es sutil. A veces incluso se emplea indistintamente. Recuerde que a las funciones se las suele conocer por procedimientos.

Tanto los subprocedimientos como las funciones son bloques de código que realizan tareas específicas. Sin embargo, hay una diferencia fundamental entre ellos: Las funciones devuelven un valor mientras que los subprocedimientos (o subrutina) no lo hacen. Los subprocedimientos pueden ser empleados para manipular datos, mostrar un mensaje, o realizar cálculos sin necesidad de retornar un valor.

Las funciones y subprocedimientos pueden requerir de unos valores llamados parámetros y estos valores deben ser tratados con una sintaxis determinada que verá a continuación.

24. 1. Parámetros por referencia ByRef y por valor ByVal

En muchas ocasiones, tanto los subprocedimientos como funciones necesitan recibir un listado de valores llamados parámetros para hallar la solución a la tarea encomendada. En una función los parámetros serían las entradas para realizar algún tipo de cálculo.

En Visual Basic (VBA) existen dos tipos de parámetros, los conocidos por parámetros por valor **ByVal** o por referencia **ByRef**. Por defecto VBA trabaja por **referencia**, es decir, si no se especifica nada, VBA entiende que el parámetro es ByRef. Sin embargo, esto se puede modificar a voluntad cómo ahora se observará.

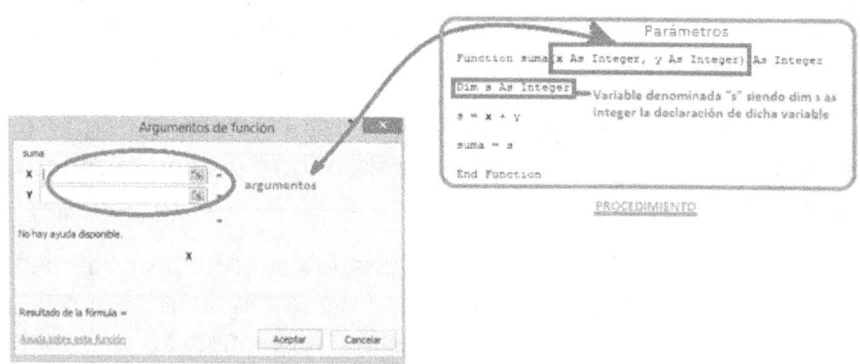

Ilustración 51. Parámetros o argumentos

Un parámetro por referencia (**ByRef**) tiene asignado un espacio concreto de memoria, de manera que cuando cambia la variable en el subprograma, cambia también en el programa principal. Sin embargo, con los parámetros por valor (ByVal), un cambio en el subprograma no afecta al programa principal.

24. 2. Funciones definidas por el usuario en VBA

Una función en VBA de Excel es un bloque de código que realiza una tarea específica y devuelve un valor. Una función puede tener parámetros de entrada, realizar cálculos o manipular datos y finalmente devolver un resultado. Las funciones permiten reutilizar código en diferentes partes de un programa.

Por otro lado, una función permite crear una nueva funcionalidad que no existe por defecto en Excel. Es decir, MS Excel tiene muchísimas funciones, pero algunas pudieran no existir. Por ejemplo, puede que necesite una función específica que concatene la palabra "hola" con un guion y un valor numérico: "hola" & "-" & valor_celdas.

Para crear una función primero presione las teclas Alt+F11 (o se sitúa en el editor de Visual Basic) y luego inserte un módulo en la hoja de trabajo.

Todas las funciones tienen una sintaxis común: la primera línea de código empieza con la palabra *"function ()"*, la última *"End Function"*, entre ellas está el código que siempre termina devolviendo un valor. Este valor de retorno será del tipo *Double*, *integer*, *String*, etc.

Funcion Nombre_de_la_funcion(definir variables, constantes, etc.)

<*Instrucciones*>

Nombre_de_la_funcion = valor_devuelto

Fin de la Función

En caso de no definir el tipo de las variables VBA asigna una por defecto.

El siguiente es un ejemplo de función. Éste permite concatenar celdas de forma rápida y automatizada, mejorando la rapidez en la elaboración de una hoja de cálculo.

```
Function Concatenarceldas(Rango As Range)

For Each celda In Rango.Cells

    If celda.Value <> "" Then
    resultado = resultado & "; " & celda.Value
    End If

Next celda

resultado = Right(resultado, Len(resultado) - 2)
Concatenarceldas = resultado

End Function
```

En esta macro, después de *"function"* se define el nombre de la función cómo *"Contarceldas"*. Luego entre paréntesis se especifica los parámetros de la función y en qué formato. En este caso, solicita un rango de datos en forma de matriz. Luego ".cells" representa las celdas de un rango especificado. Lo que indica que; "celda es el objeto seleccionado y si las celdas son distintas a un espacio en blanco, omítelas y luego procede con la siguiente instrucción".

Otro ejemplo interesante es el que multiplicar dos valores enteros mediante una función.

```
Function multiplica(ByVal valor1 As Integer, _
ByVal valor2 As Integer) As Integer
Dim resultado As Integer
resultado = valor1 * valor2
multiplica = resultado
End Function
```

Una función definida por el usuario generará algo como esto:

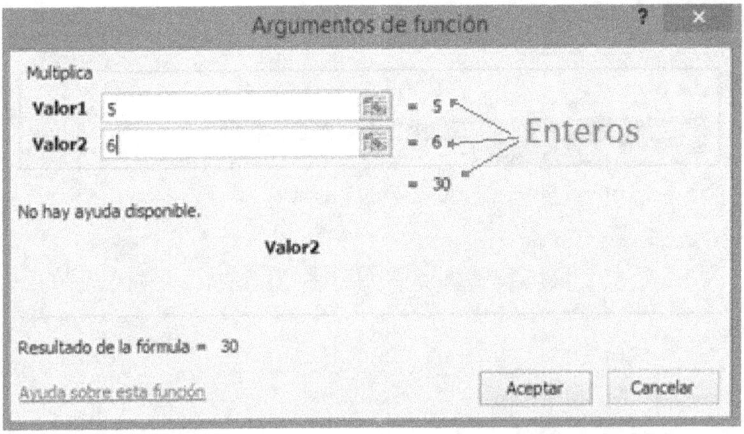

Ilustración 52. Argumentos de una función

En el caso descrito anteriormente, hay muy pocas variables, pero pudiera suceder que no sea así, con lo que es bueno y correcto declarar todas las variables a utilizar. Para ello es recomendable siempre utilizar el *"Option Explicit"* al principio del módulo. Una vez implementado el código inserte una función en el icono que aparece en la barra de herramientas de la hoja de cálculo:

Ilustración 53. Selección de una función definida por el usuario

Y seguidamente seleccione la función "Definida por el usuario":

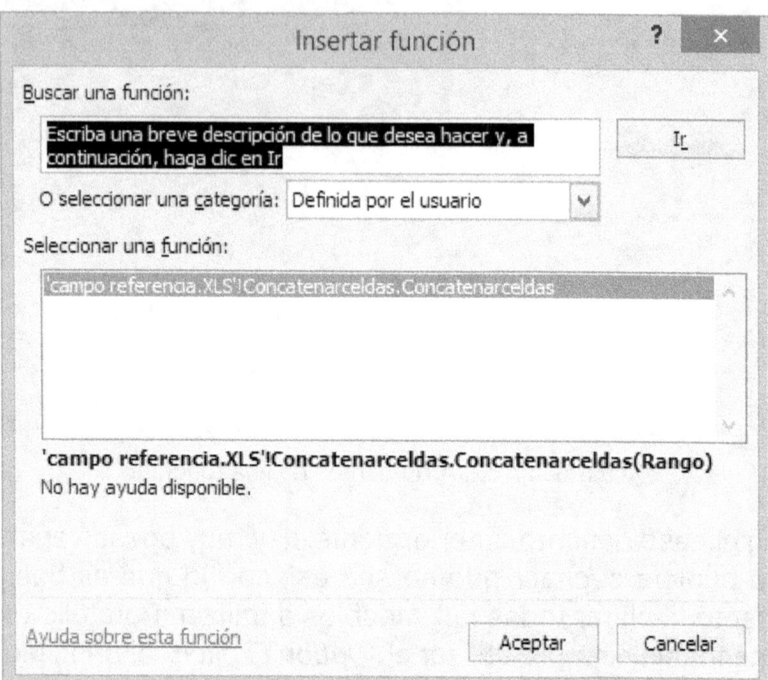

Ilustración 54. Insertar una función

Finalmente, ya se estará en disposición de emplear la función insertando los argumentos:

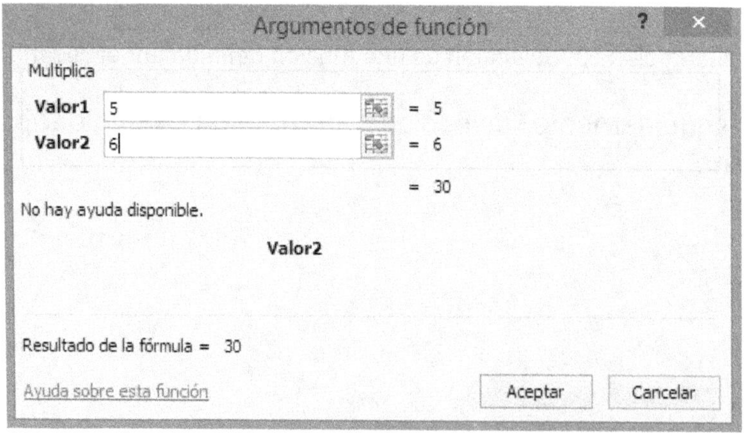

Ilustración 55. Insertando los argumentos de la función

24. 3. ByVal y ByRef

Para comprender las diferencias entre ByVal y byRef, lo mejor es plantear un ejemplo tipo. En VBA, byVal se emplea para pasar un argumento por valor, lo que significa que se crea una copia local del valor del argumento en la función o subprocedimiento. Por otro lado, byRef se emplea para pasar un argumento por referencia, lo que significa que se pasa la dirección de memoria del argumento original y los cambios realizados dentro la función o subprocedimiento afectarán al argumento original. Copie el siguiente código en su computadora y mire lo que sucede al ejecutarlo.

```vba
Option Explicit

Sub ejemploByVal_byRef()

Dim a As Integer

    a = 20

    MsgBox "El valor original de a es: " & a

    incrementarByVal a

    MsgBox "Despues de la llamada ByVal, el valor es de: " & a

    incrementarByRef a

    MsgBox "Despues de la llamada ByRef, el valor es de: " & a

End Sub

Sub incrementarByVal(ByVal valor As Integer)

    valor = valor + 1

End Sub

Sub incrementarByRef(ByRef valor As Integer)

    valor = valor + 1

End Sub
```

Al ejecutar el anterior código en un nuevo módulo de su editor, observará que el programa principal ejemploByVal_ByRef, llama a dos subprocedimientos incrementarByRef y incrementarByVal. Ambos subprocedimientos reciben un número entero (el 20). Cuando se llama al procedimiento incrementarByVal se pasa una copia del valor de "a" al subprocedimiento por lo que cualquier cambio realizado dentro del subprocedimiento no afectará al valor original de "a". Sin embargo, cuando se llama a IncrementarByRef se pasa la referencia de "a" al subprocedimiento, lo que significa que cualquier cambio realizado dentro del subprocedimiento sí afectará directamente al valor original de "a".

Al ejecutar el código observará que después de la llamada ByVal el valor de "a" no cambia mientras que si lo hace después de la llamada ByRef. Aquí el valor de "a" se incrementa en 1.

Analice otro ejemplo parecido para diferenciar el valor ByVal y ByRef. Copie el siguiente código en su compilador del VBA y ejecútelo:

```vba
Option Explicit

Sub ejemploDoble()

Dim x As Integer
x = 10

    MsgBox x
    MsgBox doble(x)

End Sub


Function doble(ByRef x As Integer) As Integer

    x = x * 2
    doble = x

End Function
```

Primero aparecerá este mensaje:

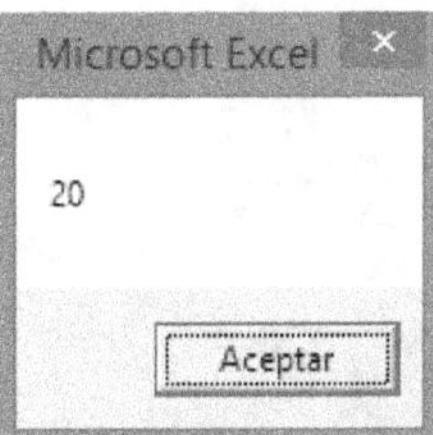

Y luego:

Ahora observe que sucede al sustituir el ByRef por el ByVal:

Y luego:

25.
ESTRUCTURA SELECTIVA MÚLTIPLE

La estructura selectiva múltiple permite comparar un valor con diversas alternativas, si la comparación tiene éxito, se ejecuta el grupo de instrucciones que contempla la alternativa seleccionada y, luego sale de la estructura.

Las estructuras selectivas múltiples suelen tener una alternativa por defecto la cual ofrece una solución en los casos en que las alternativas propuestas carecen de éxito.

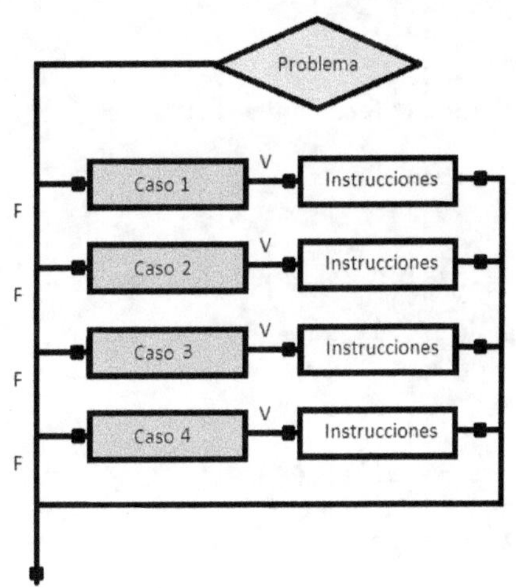

Ilustración 56. Estructura selectiva múltiple

```
Select case <expresión>

    Caso 1 Valor 1

    <Instrucciones>

    Caso 2  Valor 2

    <Instrucciones>
```

```
      Caso 3  Valor 3

      <Instrucciones>

End select
```

Tanto el *"select case"* como el *"if"* son estructuras empleadas para tomar decisiones basadas en ciertas condiciones. Sin embargo, el *"if"* es una estructura de control condicional que evalúa una condición booleana y que ejecuta un conjunto de instrucciones si la condición es verdadera. En el caso del *"select case"* se utiliza cuando se desea evaluar una variable o expresión en múltiples casos posibles, ahorrando código y tiempo de programación. Pruebe de repetir el siguiente ejemplo, incrementando el número de opciones:

```
Sub ejemploSelectCase()

    Dim opcion As Integer
    opcion = InputBox("Dame un valor")

    Select Case opcion

        Case 1
        MsgBox "el valor es 1"
        Case 2
        MsgBox "el valor es 2"
        Case 3
        MsgBox "el valor es 3"
        Case 4
        MsgBox "el valor es 4"
        Case Else
        MsgBox "El valor introducido está fuera del rango 1 - 4"

    End Select


End Sub
```

26.
LAS FUNCIONES LÓGICAS
O DE COMPROBACIÓN

Las funciones de comprobación se utilizan para evaluar ciertas variables y objetos, devolviendo un valor lógico booleano (true o false). Estas funciones permiten además tomar decisiones en el código y ejecutar diferentes acciones según los resultados de la comprobación.

- IsNumeric: Comprueba si la expresión tiene un valor numérico.

- IsDate: Comprueba si la expresión tiene una fecha.

- IsEmpty: Comprueba si la expresión tenga algún dato que se haya inicializado.

- IsError: Comprueba si la expresión devuelve algún valor de error.

- IsArray: Comprueba si la variable es o no un array.

- isObject: Comprueba si una variable representa algún tipo de objeto.

- IsNull: Comprueba si la expresión contiene un valor nulo debido a datos no válidos.

- IsEmpty: Comprueba si alguna celda o rango está vacía o sin datos.

- Is Nothing: Comprueba si existe un objeto.

Para entender la utilidad de las funciones de comprobación observe el siguiente ejemplo dónde se declara una variable como objeto y se le asigna un determinado objeto cualquiera. Si existe tal objeto una venta emergente informará de ello. Si, por el contrario, el objeto es "Nothing" indica que la variable no existe.

```vba
Sub comprobarIsNothing()

Dim unaVariable As Object

Set unaVariable = Sheets("hoja1").Range("A1")
'Set unaVariable = Nothing


    If unaVariable Is Nothing Then
        MsgBox "La variable está vacía"
            Else
                MsgBox "La variable no está vacía"
        End If


End Sub
```

En este otro ejemplo, se comprueba si la celda "A1" tiene algún valor y muestra si está o no vacía mediante un cuadro de diálogo.

```vba
Sub comprobarIsEmpty()

    If IsEmpty(Worksheets("Hoja1").Range("A1").Value) Then
        MsgBox "La variable está vacía"

            Else
                MsgBox "La variable no está vacía"
        End If


End Sub
```

Otra ventaja de estas funciones es que permiten tomar decisiones dentro el código de forma rápida sin necesidad de emplear otras formas de codificación más complejas.

27.
LA INSTRUCCIÓN INTERSECT

La instrucción *"intersect"* en VBA para Excel se emplea para hallar la intersección entre dos o más rangos de celdas. La sintaxis básica es la siguiente:

```
Set cruce = intersect(rango1, rango2,….rangoN)
```

La instrucción intersect devuelve un objeto range que representa la intersección entre dos rangos determinados. En el caso que no hubiera ninguna intersección, es decir, si los rangos no se cruzaran, la función devuelve "nothing".

La función intersect es útil para realizar operaciones condicionales o de manipulación en celdas que se encuentran en el cruce de dos o más rangos específicos.

En ocasiones es interesante que, por ejemplo, cuándo la celda activa esté en una celda determinada, suceda algo. En el siguiente código se observa que cuándo la celda activa está situada sobre A1 aparece el mensaje de "hola" pero si está en cualquier otra celda, aparece el mensaje "no".

```
Option Explicit

Sub hola()
If Not Intersect(ActiveCell, Range("A1")) Is Nothing Then
MsgBox "Hola"
Else
MsgBox "NO"
End If
End Sub
```

Analice otro ejemplo dónde se define un Rango1 como las celdas de la A1 a B6 y Rango2 como las celdas de la B4 a la C8. Luego, emplee la función "intersect" para verificar si hay una intersección entre ambos rangos. Si hubiera tal intersección, se mostrará un mensaje en una ventana indicando que no existe.

```vba
Option Explicit

Sub comprobarInterseccion()

Dim rango1 As Range
Dim rango2 As Range
Dim rangoInterseccion As Range

Set rango1 = Range("A1:B6")
Set rango2 = Range("B4:C8")
Set rangoInterseccion = Intersect(rango1, rango2)

    If Not rangoInterseccion Is Nothing Then
       MsgBox "Hay una interesección entre los dos rangos"
          Else
                MsgBox "No hay intereseccion entre los rangos."
    End If

End Sub
```

28.
EJEMPLOS RESUELTOS

Este libro contiene una serie de ejercicios resueltos en Visual Basic y enfocados a Excel. Independientemente de esta orientación hacia las hojas de cálculo de Microsoft, es bueno conocerlo porque es un útil lenguaje para la tecnología .NET.

La idea es que, al terminar la obra, el lector pueda sentirse incluido dentro de la familia de los desarrolladores y le permita iniciarse en otros lenguajes.

Además, los siguientes ejercicios ayudan a entender y potenciar todo dicho anteriormente. Los ejercicios están centrados en:

▸ Programación imperativa

▸ Condicionales, "if", "Select Case", "Chose" y "Switch"

▸ Bucles for, while, do y for each

▸ Funciones, procedimientos y subalgoritmos

▸ Gráficos

▸ Multimedia

▸ Clases y objetos

▸ Grabación de Macros

▸ Eventos

▸ Habilidades

▸ Manejo de errores

▸ Conceptos. Directivas de compilación

▸ Variables, Constantes y Tipos

▸ Colecciones y Arrays

▸ Conceptos. El With anidado

▸ Conceptos. Directivas de compilación

▸ Conceptos: GoSub

▸ Conceptos: On...GoSub

▸ Conceptos: Los comodines y el operador "like"

▸ Conceptos: El nothing

▸ Conceptos. Random

▸ Conceptos. El tiempo y las fechas

▸ Conceptos. El Assert

▸ Conceptos. El Stop

▸ Conceptos. Sombreado de nombres

▸ Conceptos. Procedimientos con parámetros

28.1. EJERCICIO NÚMERO 01

Tipo: Programación imperativa.

Problema: Realice una suma mediante dos números enteros.

Solución: Para realizar este problema cree una ventana emergente, que pida dos valores enteros y después de pulsar el botón muestre el resultado.

1. Primero realice el siguiente cuadro con los UserForms:

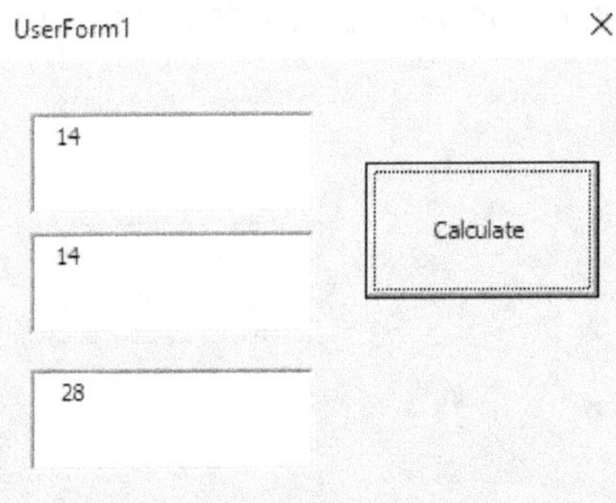

Ilustración 57. Suma de dos números enteros

2. Haciendo doble clic sobre el UserForm creado, escriba el siguiente código:

```
Private Sub CommandButton1_Click()

'Declaramos las variables
Dim A As Integer
Dim B As Integer
Dim C As Integer

'Entradas
'--> Pasamos el dato del cuadro a un valor numérico
A = Val(Me.TextBox1.Text)

'--> Pasamos el dato del cuadro a un valor numérico
B = Val(Me.TextBox2.Text)

'Salidas
C = A + B 'Realizamos la suma
Me.TextBox3.Text = Str(C)

End Sub
```

28.2. EJERCICIO NÚMERO 02

Tipo: Programación imperativa.

Problema: Halle el cociente y el resto de una división de dos números cualquiera

Solución: Para poder hallar el cociente y el residuo cree un cuadro como el del ejercicio anterior dónde en un UserForm, se ingresan los valores y te muestra el resultado.

1. Primero realice el siguiente cuadro con los UserForms:

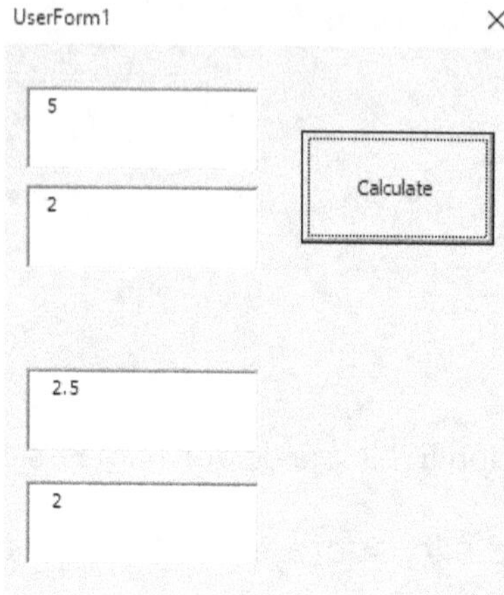

Ilustración 58. Cociente y resto de una división de números

2. Haciendo doble clic sobre el UserForm creado, escriba el siguiente código:

```vba
Private Sub CommandButton1_Click()

'Declaramos las variables
Dim A As Double
Dim B As Double
Dim C As Double

'Entradas
'--> Pasamos el dato del cuadro a un valor numérico
A = Val(Me.TextBox1.Text)
'--> Pasamos el dato del cuadro a un valor numérico
B = Val(Me.TextBox2.Text)

    'Salidas
    C = A / B 'Realizamos la división
    Me.TextBox3.Text = Str(C)

    D = A \ B 'Realizamos el resto
    Me.TextBox4.Text = Str(D)

    End Sub
```

Nota: Fíjese que ha declarado las variables como double. Nótese que, si desea calcular el residuo de una operación tal como 2/3, el residuo será 0.

28.3. EJERCICIO NÚMERO 03

Tipo: Programación imperativa.

Problema: Calcule el tanto por ciento de un valor y muestre su resultado.

Solución: Para poder calcular el tanto por ciento de un valor, cree un UserForms, donde se soliciten dos datos y se realice el producto mostrando posteriormente el resultado:

1. Primero realice el siguiente cuadro con los UserForms:

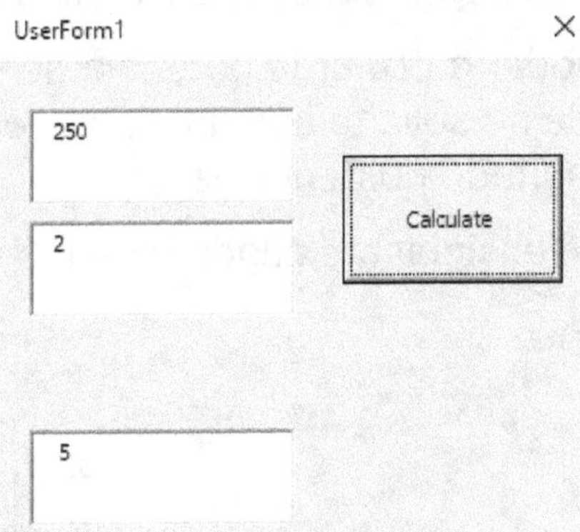

Ilustración 59. Tanto por ciento de un valor

2. Haciendo doble clic sobre el UserForm creado, escriba el siguiente código:

```
Private Sub CommandButton1_Click()

'Declaramos las variables
Dim A As Double 'Valor A
Dim B As Double 'Tanto por ciento
Dim C As Double 'Resultado

'Entradas
'--> Pasamos el dato del cuadro a un valor numérico
A = Val(Me.TextBox1.Text)

'--> Pasamos el dato del cuadro a un valor numérico
B = Val(Me.TextBox2.Text)
```

```
'Salidas
C = A * B / 100 'Realizamos el cálculo
Me.TextBox3.Text = Str(C)


End Sub
```

28.4. EJERCICIO NÚMERO 04

Tipo: Programación imperativa.

Problema: Eleve un número a otro, del estilo A elevado a B.

Solución: Para poder calcular la potencia de un valor, cree un UserForms, donde se solicite dos datos, se realice el cálculo y se muestre el resultado posteriormente:

1. Primero realice el siguiente cuadro con los UserForms:

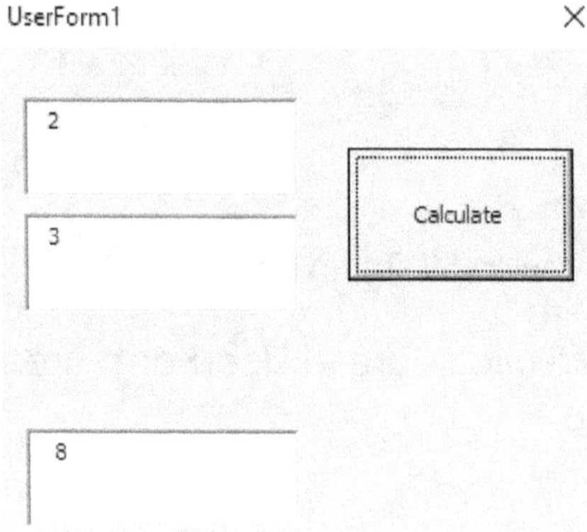

Ilustración 60. Exponente de un número a otro

2. Haciendo doble clic sobre el UserForm creado, escriba el siguiente código, en concreto encima del botón calcular:

```
Private Sub CommandButton1_Click()

'Declaramos las variables
Dim A As Double 'Base
Dim B As Double 'Exponente
Dim C As Double 'Resultado
```

```
'Entradas
'--> Pasamos el dato del cuadro a un valor numérico
A = Val(Me.TextBox1.Text)
'--> Pasamos el dato del cuadro a un valor numérico
B = Val(Me.TextBox2.Text)

'Salidas
C = A ^ B 'Realizamos el cálculo
Me.TextBox3.Text = Str(C)

End Sub
```

28.5. EJERCICIO NÚMERO 05

Tipo: Programación imperativa.

Problema: A partir de un determinado texto en el cuadro de texto, escríbalo de forma inversa. Ejemplo: ABCDEF ⊠ FEDCBA.

Solución: Para hallar el texto invertido, cree un UserForms, donde se solicite un dato y luego se muestre el resultado invertido:

1. Primero realice el siguiente cuadro con los UserForms:

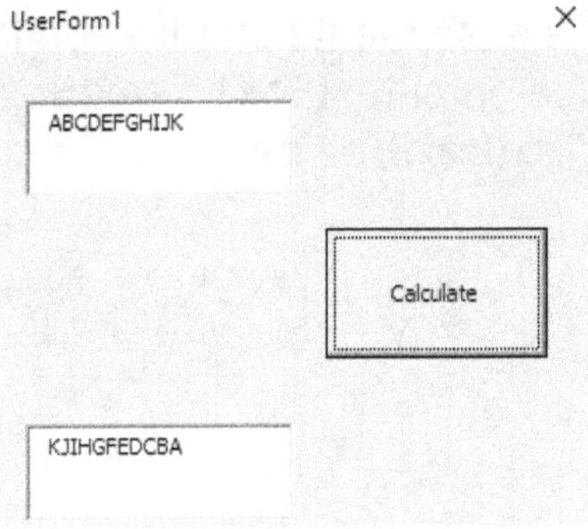

Ilustración 61. Inversión de caracteres

2. Haciendo doble clic sobre el UserForm creado, escriba el siguiente código, en concreto encima del botón calcular:

```
Private Sub CommandButton1_Click()

'Declaramos las variables
Dim A As String 'Texto de entrada
Dim C As String 'Resultado
```

```
'Entradas
A = Me.TextBox1.Text '--> Cogemos el texto

'Salidas
C = StrReverse(A)   'Lo invertimos
Me.TextBox3.Text = C


End Sub
```

Nota: En este ejemplo, se ha empleado una función de VBA que permite invertir la dirección del texto llamada StrReverse()

28.6. EJERCICIO NÚMERO 06

Tipo: Programación imperativa

Problema: Halle la hipotenusa de un triángulo empleando el teorema de Pitágoras. $h^2 = a^2 + b^2$.

Solución: Para ello, debe saber que la hipotenusa es: h =raiz(a^2 + b^2). La raíz, es la raíz cuadrada o también la suma de los cuadrados elevados a ½.

1. Primero realice el siguiente cuadro con los UserForms, dónde se introduce en el textBox1 y textBox2, a y b respectivamente. En el TextBox3, se muestra el resultado:

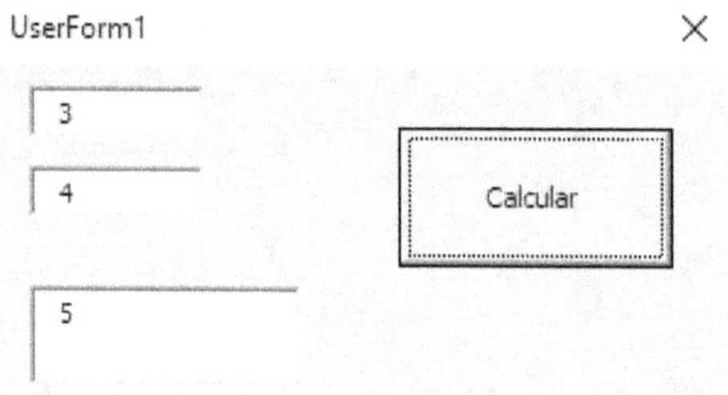

Ilustración 62. Hipotenusa de un triángulo rectángulo

2. Haciendo doble clic sobre el UserForm creado, escriba el siguiente código, en concreto encima del botón "calculate":

```
Private Sub CommandButton1_Click()
```

```
Dim h As Double
Dim a As Double
Dim b As Double


a = Me.TextBox1.Text
b = Me.TextBox2.Text
Me.TextBox3.Text = Sqr((a ^ 2) + (b ^ 2))


End Sub
```

28.7. EJERCICIO NÚMERO 07

Tipo: Programación imperativa

Problema: Mediante un UserForm introduzca dos valores en celdas diferentes, súmelos y muestre el resultado en otra celda.

Solución: Este básico ejercicio es muy interesante, si se quieren realizar formularios en una página de Excel.

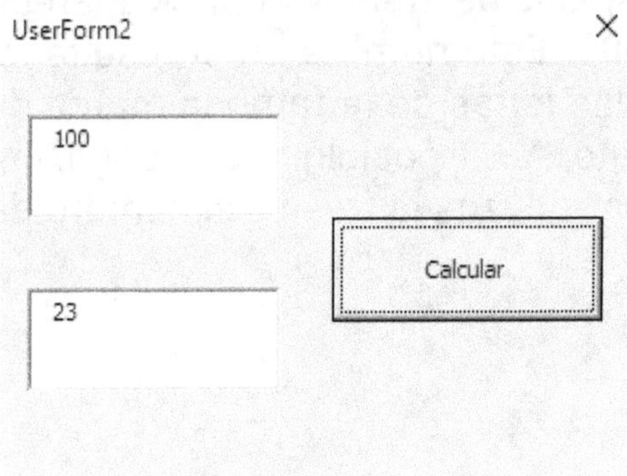

Ilustración 63. Suma de dos valores

Para realizar el ejercicio, emplee el siguiente código:

```
Private Sub CommandButton1_Click()

    Dim val1, val2 As Double

    val1 = Me.TextBox1.Text
    val2 = Me.TextBox2.Text
```

```
Range("a1").Value = val1 + val2

End Sub
```

Nota: Un UserForm podría ser muy interesante, por ejemplo, si quisiera realizar en Excel una factura que sumara todos los ítems adquiridos por un cliente y añadiera al final el precio total más los impuestos sobre el valor raíz.

28.8. EJERCICIO NÚMERO 08

Tipo: Programación imperativa

Problema: Dada una sentencia, devolver la frase encriptada usando el método del código César.

Solución: El código César es uno de los más estudiados en el mundo de la criptografía y resulta de mucha utilidad y sencillez puesto que consiste en reasignar a cada letra del abecedario una diferente resultante de correr ésta un número concreto de posiciones. En la obra cinematográfica 2001: Una odisea en el espacio de Stanley Kubrick aparece el superordenador HAL 9000. Este nombre es el resultado de desplazar una posición, las letras de la famosa marca de ordenadores IBM. Por lo tanto, A + 1 posición = B. Luego, cree un UserForms dónde se introduzca la frase y el número de letras que se desea correr.

Ilustración 64. Código César

El código a utilizar podría ser el siguiente:

```
Private Sub Calcular_Click()

Dim a As String
Dim b As String

Dim c As String
Dim d As Integer
Dim i As Integer

a = Me.TextBox1.Text
d = CInt(Me.TextBox2.Text)
a = Trim(a)

For i = 1 To Len(a)
    c = Mid(a, i, 1)

        If c <> "" Then
            c = Chr(Asc(c) + d)
        End If
        b = b & c
Next

Me.TextBox3.Text = b

End Sub
```

28.9. EJERCICIO NÚMERO 09

Tipo: Condicionales, "if", "Select Case", "Chose" y "Switch"

Problema: Dados dos números diferentes, dar como resultado el menor de ambos valores.

Solución: Para hallar el menor valor de entre dos valores, cree un UserForms, donde se solicita un dato y luego se muestra el resultado menor:

1. Primero realice el siguiente cuadro con los UserForms:

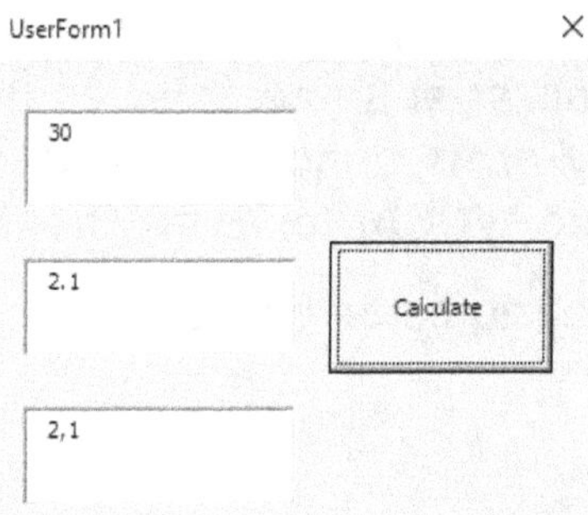

Ilustración 65. Hallar el menor de dos valores

2. Haciendo doble clic sobre el UserForm creado, escriba el siguiente código, en concreto encima del botón "calculate":

```vba
Private Sub CommandButton1_Click()

'Declaramos las variables
Dim A As Double 'Texto de entrada 1
Dim B As Double 'Texto de entrada 2
Dim C As Double 'Resultado menor de A y B

'Entradas
A = Val(Me.TextBox1.Text) '--> Convertimos el texto en un valor
B = Val(Me.TextBox2.Text) '--> Convertimos el texto en un valor


'Salidas
If A < B Then
    Me.TextBox3.Text = A
    Else
    Me.TextBox3.Text = B

End If


If A = B Then
    Me.TextBox3.Text = "Ambos son iguales"
End If

End Sub
```

28.10. EJERCICIO NÚMERO 10

Tipo: Condicionales, "if", "Select Case", "Chose" y "Switch"

Problema: Dado un carácter analizar si es una consonante o una vocal.

Solución: Para analizar si un carácter es una vocal o consonante, cree un UserForms, donde se solicita un dato y luego se muestra el resultado "VOCAL" o "CONSONANTE":

1. Primero realice el siguiente cuadro con los UserForms:

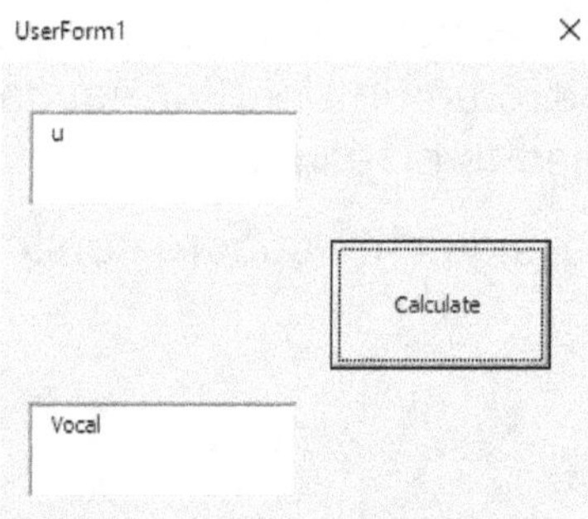

Ilustración 66. Reconocer vocales o consonantes

2. Haciendo doble clic sobre el UserForm creado, sitúe el siguiente código, en concreto encima del botón "calculate":

```vba
Private Sub CommandButton1_Click()

'Declaramos las variables
Dim A As String 'Caracter de entrada 1
Dim C As String 'Resultado vocal o consonante

'Entradas
A = Me.TextBox1.Text |

'Salidas
If A = "a" Or A = "A" Then
    Me.TextBox3.Text = "Vocal"
    ElseIf A = "e" Or A = "E" Then
        Me.TextBox3.Text = "Vocal"
            ElseIf A = "i" Or A = "I" Then
                Me.TextBox3.Text = "Vocal"
                ElseIf A = "o" Or A = "O" Then
                    Me.TextBox3.Text = "Vocal"
                    ElseIf A = "u" Or A = "U" Then
                        Me.TextBox3.Text = "Vocal"
                        Else
                        Me.TextBox3.Text = "Consontante"
    End If


End Sub
```

28.11. EJERCICIO NÚMERO 11

Tipo: Condicionales, "if", "Select Case", "Chose" y "Switch"

Problema: Dado un valor entero obtenga la descomposición de un valor en números primos.

Solución: Para analizar cuál es la descomposición de un valor en números primos, cree un UserForms, donde se solicita un dato y luego se muestra el resultado:

1. Primero realice el siguiente cuadro con los UserForms:

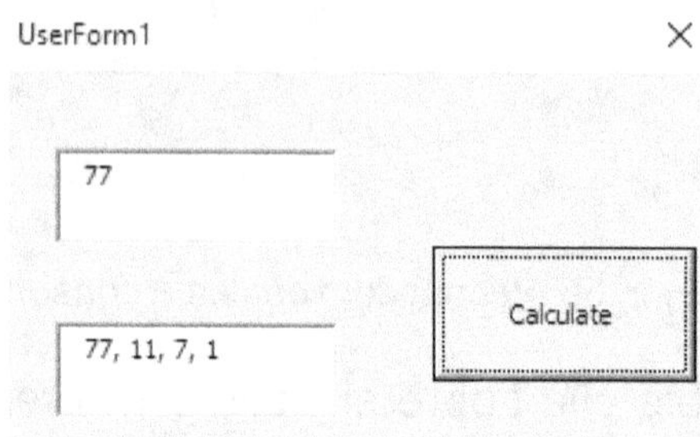

Ilustración 67. Descomposición en números primos

2. Haciendo doble clic sobre el UserForm creado, escriba el siguiente código, en concreto encima del botón "calculate":

```
Private Sub calculate_Click()
Dim num As Integer
Dim i As Integer
Dim resultado As String

num = Val(Me.TextBox1.Text)

    For i = 1 To num
            If (num Mod i) = 0 Then
                resultado = CStr(i) & ", " & resultado
                Me.TextBox2.Text = resultado
            End If
    Next i

End Sub
```

Nota: En este problema el "for" pasa por todos los valores desde el 1 al número introducido en el campo de texto. Luego el "if" comprueba si el residuo (mod) es nulo. Si es así, concatena el resultado anterior con el nuevo y finalmente lo muestra en el cuadro de diálogo. Éste es un ejercicio más complejo que los anteriores pero muy interesante. Finalmente indicar que, es muy habitual emplear el "if" y el "for" juntos.

28.12. EJERCICIO NÚMERO 12

Tipo: Condicionales, "if", "Select Case", "Chose" y "Switch"

Problema: Dado un valor entero dar como resultado los nombres de la siguiente tabla: 1. Andorra, 2. Francia, 3. Letonia, 4. Catalunya, 5. Italia.

Solución: Para mostrar el resultado según la anterior clasificación, cree un UserForms, donde se solicita un valor y luego se muestra el resultado:

1. Primero realice el siguiente cuadro con los UserForms:

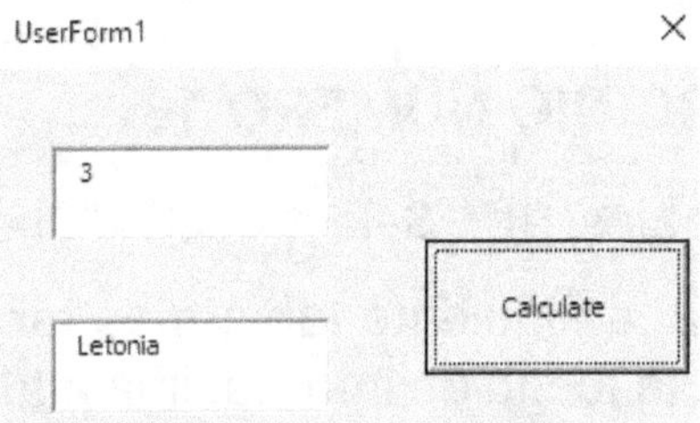

Ilustración 68. Ejemplo de *"Select Case"*

2. Haciendo doble clic sobre el UserForm creado, sitúe el siguiente código, en concreto encima del botón "calculate":

```
Private Sub calculate_Click()
Dim num As Integer
Dim resultado As String

num = Val(Me.TextBox1.Text)

Select Case num

    Case 1
    resultado = "Andorra"
    Case 2
    resultado = "Francia"
    Case 3
    resultado = "Letonia"
    Case 4
    resultado = "Catalunya"
    Case 5
    resultado = "Italia"
```

```
Case Is > 5
resultado = "Otro"
Case Is < 1
resultado = "Otro"

End Select

Me.TextBox2.Text = resultado

End Sub
```

Nota: El anterior problema es muy interesante porque emplea el *"select case"*, y además analiza si el número es mayor o menor de un determinado valor.

28.13. EJERCICIO NÚMERO 13

Tipo: Condicionales, "if", "Select Case", "Chose" y "Switch"

Problema: Dada la siguiente tabla mostrar si una persona es alta, media o baja luego de introducir la altura en cm y el tipo.

	alto/a	medio/a	bajo/a
Mujer	180	170	160
Hombre	190	180	170
Niño	100	90	80

Tabla 10. Clasificación de alturas de una persona

Solución: Para mostrar el resultado según la anterior tabla, cree un UserForms, donde se selecciona el género y estado, finalmente se facilita la altura en centímetros antes de apretar el botón de calcular:

1. Primero realice el siguiente cuadro con los UserForms:

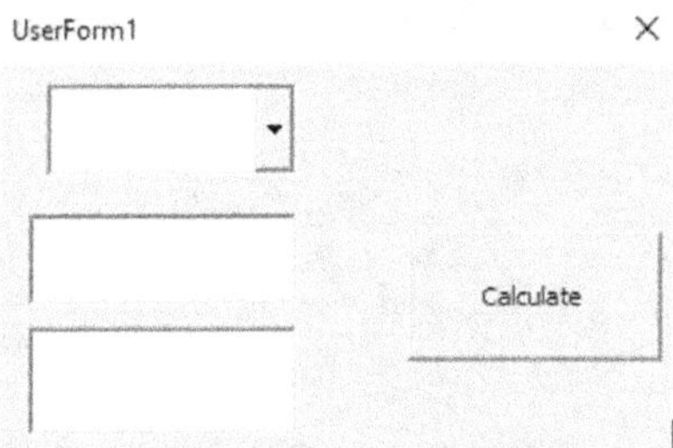

Ilustración 69. Ejemplo de Condicionales

2. Haciendo doble clic sobre el UserForm creado, sitúe el siguiente código, en concreto encima del botón "calculate":

```
Private Sub calculate_Click()
    Dim num As Integer

    num = Val(Me.TextBox1.Text)
    seleccion = Me.ComboBox1.ListIndex

    Select Case seleccion

        Case 0

            If num >= 180 Then
                Me.TextBox2.Text = "Alta"
            ElseIf 180 > num <= 170 Then
                Me.TextBox2.Text = "Media"
            ElseIf 160 >= num Then
                Me.TextBox2.Text = "Baja"
            End If

        Case 1

            If num >= 190 Then
                Me.TextBox2.Text = "Alto"
            ElseIf 190 > num <= 180 Then
                Me.TextBox2.Text = "Medio"
            ElseIf 170 >= num Then
                Me.TextBox2.Text = "Bajo"
            End If

        Case 2

            If num >= 100 Then
                Me.TextBox2.Text = "Alto"
            ElseIf 100 > num <= 90 Then
                Me.TextBox2.Text = "Medio"
            ElseIf 90 >= num Then
                Me.TextBox2.Text = "Bajo"
            End If
```

```
        End Select
End Sub

Private Sub UserForm_Initialize()
        ComboBox1.AddItem "Hombre"
        ComboBox1.AddItem "Mujer"
        ComboBox1.AddItem "Niño"
End Sub
```

28.14. EJERCICIO NÚMERO 14

Tipo: Condicionales, "if", "Select Case", "Chose" y "Switch"

Problema: Convierta un número romano al sistema de numeración decimal (indo-árabe).

Solución: El ejercicio no tiene en cuenta cuestiones más complejas como los casos IX o IV. Se muestra este problema de la forma más sencilla. Se introduce una letra en mayúscula o minúscula y una vez se hace clic sobre el botón calcular se muestra el resultado en el segundo cuadro de texto.

1. Primero realice el siguiente cuadro con los UserForms:

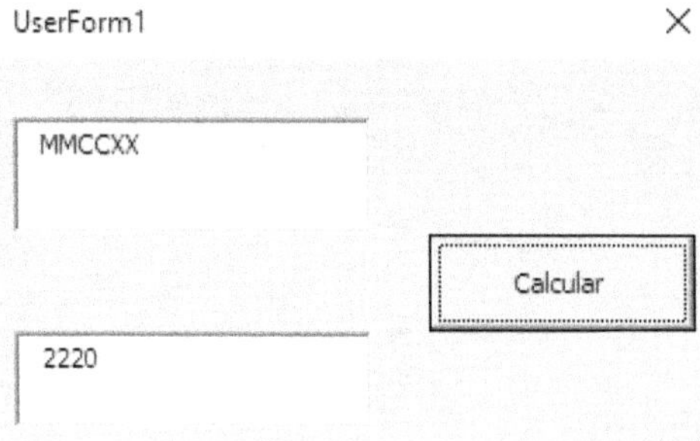

Ilustración 70. Conversión de un número romano a decimal

2. Haciendo doble clic sobre el UserForm creado y situando el siguiente código en el botón "calculate":

```
Private Sub CommandButton1_Click()

Dim numeroRomano As String
Dim a As String
Dim num As Integer
Dim resultado As Integer
Dim z As Integer
```

```
numeroRomano = Me.TextBox1.Text

    For z = 1 To Len(numeroRomano)

        a = Mid(numeroRomano, z, 1)

            Select Case a

                Case "I", "i"
                    num = 1
                Case "V", "v"
                    num = 5
                Case "X", "x"
                    num = 10
                Case "L", "l"
                    num = 50
                Case "C", "c"
                    num = 100
                Case "D", "d"
                    num = 500
                Case "M", "m"
                    num = 1000
                Case "G", "g"
                    num = 5000

            End Select

                resultado = num + resultado
                Me.TextBox2.Text = resultado

        Next z
End Sub
```

Nota: Si lo desea, el lector puede probar el anterior ejercicio y luego plantear el problema de cómo sería un número como el IX = 9 (que no es igual a 11). Recuerde también que MS Excel tiene sus propias funciones para convertir números romanos a decimales y al revés.

28.15. EJERCICIO NÚMERO 15

Tipo: Condicionales, "if", "Select Case", "Chose" y "Switch"

Problema: Coloree en verde los números impares de una columna de datos.

Solución: Para ello, el programa debe recorrer todas las celdas de una columna de datos y si los datos son impares, las debe pintar de verde. Para ello, escriba el siguiente código:

0
1
2
3
4
5
7
8
9
10
11

Ilustración 71. Ejemplo de coloración de celdas mediante condicionales

En este caso el código colorea los datos de la columna "A":

```vba
Sub Color()
Dim i As Integer
Dim num As Double


For i = 1 To Range("A" & Rows.Count).End(xlUp)
'Primero quita cualquier color previo a las celdas
Cells(i, 1).Interior.ColorIndex = 0

num = Cells(i, 1).Value

    If num Mod 2 <> 0 Then
    'Colorea de verde las celdas no pares
    Cells(i, 1).Interior.ColorIndex = 4

    End If

Next i

End Sub
```

28.16. EJERCICIO NÚMERO 16

Tipo: Condicionales, "if", "Select Case", "Chose" y "Switch"

Problema: Realice un ejercicio muy sencillo dónde se juegue al juego de la piedra, papel y tijeras. El juego debe pedir al usuario que elija piedra, papel o tijeras. La computadora elegirá una de las opciones aleatoriamente y se determinará el ganador o empate.

Solución: Cree un InputBox donde se pueda escribir la opción: piedra, papel o tijeras:

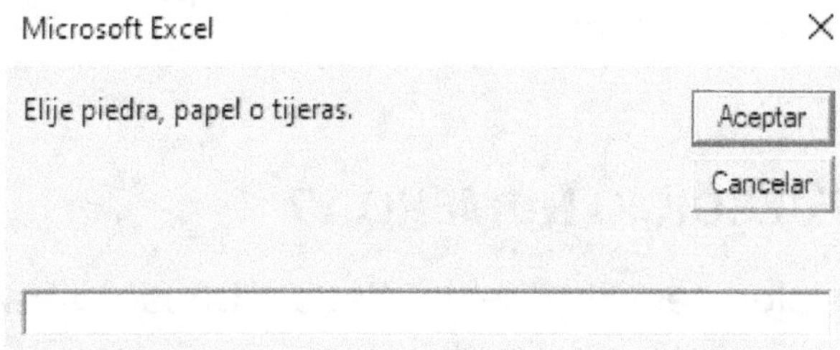

Ilustración 72. Ejemplo de piedra, papel, tijeras

Luego puede emplear el siguiente código:

```
Sub piedraPapelTijera()

Dim eligeJugador As String
Dim eligeOrdenador As String
Dim ganador As String

'Pide al usuario elejir piedra papel o tijera
eligeJugador = LCase(InputBox("Elije piedra, papel o tijeras."))

'Genera una elección aleatoriamente para el jugador-ordenador
Select Case Int(Rnd * 3)

Case 0
eligeOrdenador = "piedra"

Case 1
eligeOrdenador = "papel"

Case 2
eligeOrdenador = "tijeras"

End Select

'Determina el ganador
    If eligeJugador = "piedra" And eligeOrdenador = "tijeras" Or _
        eligeJugador = "papel" And eligeOrdenador = "piedra" Or _
        eligeJugador = "tijeras" And eligeOrdenador = "papel" Then

        ganador = "jugador"

            ElseIf eligeJugador = "tijeras" And eligeOrdenador = "piedra" Or _
            eligeJugador = "piedra" And eligeOrdenador = "papel" Or _
            eligeJugador = "papel" And eligeOrdenador = "tijeras" Then

            ganador = "ordenador"

                Else

                    ganador = "empate"
```

```
    End If

'Muestra el resultado del juego
MsgBox "El jugador eligió " & eligeJugador & "." & vbCrLf & _
"el ordenador eligió " & eligeOrdenador & "." & vbCrLf & vbCrLf & _
"el ganador es " & ganador & "!"

End Sub
```

28.17. EJERCICIO NÚMERO 17

Tipo: Condicionales, "if", "Select Case", "Chose" y "Switch"

Problema: Cree un procedimiento en VBA llamado 'selectCaseO' que utilice una variable de cadena "Texto" para imprimir un mensaje en un cuadro de diálogo basado en los diferentes valores posibles de la cadena "texto". Si "texto" contiene los valores 'Hola', 'Adiós' o 'Mucho', se imprimirá "¡Hola!". Si contiene los valores "Adiós", "Porqué" o "Hasta Luego", se imprimirá "Adiós". En caso contrario, se imprimirá "Explícate mejor". Utilice un "select case".

Solución: Hasta ahora se han visto varios ejemplos con el *"select case"*. Sin embargo, no se ha analizado una configuración la cual permita unir las posibles opciones de cada caso con una coma usando la misma lógica que posee el operador lógico O.

Lo que realiza el "select case" es comparar el texto hola, con las distintas posibles opciones de cada caso. Si "hola" está dentro de alguna de las tres posibles opciones por caso, entonces ese es el caso correcto.

Ilustración 73. Cuadro de diálogo resultante del ejemplo con "Select Case"

28.18. EJERCICIO NÚMERO 18

Tipo: Condicionales, "if", "Select Case", "Chose" y "Switch"

Problema: Realice una hoja de Excel con datos numéricos en la columna A. Luego la columna B deberá mostrar la palabra *"mayor"* si el valor de una celda de la columna A es mayor que 10, y la palabra *"menor"* si el valor de la celda en la columna A es menor o igual a 10. Para ello emplee la función *IIf (Inline If)*.

2	19	mayor
3	13	mayor
4	48	mayor
5	8	menor
6	23	mayor
7	12	mayor

Ilustración 74. Ejemplo de IIf (Inline If)

Solución:

▸ Emplee la variable "i" para recorrer todas las filas con datos en la columna A.

▸ El bucle For comienza en la fila 1 y termina en la última fila con datos de la columna A (obtenida mediante la instrucción Range("A" & Rows.Count).End(xlUp).Row).

▸ Dentro del bucle, la función IIf se utiliza para evaluar si el valor en la columna A es mayor que 10. Si es verdadero, se escribe "mayor" en la columna B; de lo contrario, se escribe "menor".

▸ El resultado de la función IIf se asigna a la celda correspondiente en la columna B usando Range("B" & i).Value.

```
Option Explicit

Sub Ejemplo_IIf()
    Dim i As Integer
```

```
For i = 1 To Range("A" & Rows.Count).End(xlUp).Row
    Range("B" & i).Value = IIf(Range("A" & i).Value > 10, "mayor", "menor"
Next i

End Sub
```

La anterior solución podría haberse realizado mediante la construcción tradicional if...elseif...else...then. Sin embargo, la función IIf (Inline If), al igual que el condicional tradicional, es una función que permite realizar una evaluación rápida de una expresión y devolver un valor dependiendo si dicha expresión es cierta o no. La función se utiliza para evitar tener que escribir una declaración If...Then...Else completa cuando sólo se necesita realizar una evaluación simple. Es decir, sólo con conocer la expresión a evaluar y qué hacer cuando el resultado es o no verdadero, será suficiente. Su sintaxis es la siguiente:

```
IIf(expresion, valor_si_verdadero, valor_si_falso)
```

28.19. EJERCICIO NÚMERO 19

Tipo: Condicionales, "if", "Select Case", "Chose" y "Switch"

Problema: En una hoja de Excel se tienen datos numéricos en la columna A y se desea crear una columna B que muestre una cadena de texto dependiendo del valor en la columna A, de manera que, si el valor es menor que cero, mostrará "negativo". En caso contrario "positivo". Si es nulo, devuelve "cero". Use la función "Switch" para realizarlo.

1	-6	Negativo
2	9	Positivo
3	-10	Negativo
4	-6	Negativo
5	-10	Negativo
6	-7	Negativo
7	6	Positivo

Ilustración 75. Ejemplo de "Switch"

Solución: La función Switch es una función condicional que evalúa múltiples condiciones y devuelve un valor correspondiente al primer caso que se cumple. La función se emplea para evitar tener que escribir una declaración If...Then...Else completa cuando sólo se requiere realizar una evaluación múltiple. Su sintaxis es la siguiente:

```
Switch(expresion1, valor1, expresion2, valor2, ..., expresionN, valorN, valor_predeterminado)
```

▸ expresion1, expresion2, ..., expresionN son evaluaciones que devuelven verdadero o falso.

▸ valor1, valor2, ..., valorN son los valores que se devolverán si las expresiones correspondientes son verdaderas.

▸ valor_predeterminado es el valor que se devolverá si ninguna de las expresiones es verdadera.

Con todos estos conceptos claros, el problema se puede resolver de la siguiente manera:

▸ Emplee la variable "i" para recorrer todas las filas con datos en la columna A.

▸ El bucle For comienza en la fila 1 y termina en la última fila con datos en la columna A (obtenida con Range("A" & Rows.Count).End(xlUp).Row).

▸ Dentro del bucle, la función Switch se utiliza para evaluar el valor en la columna A y devolver una cadena de texto correspondiente.

▸ La función Switch evalúa cada una de las condiciones proporcionadas y devuelve el valor correspondiente al primer caso que se cumple. En este caso, si el valor en la columna A es menor que 0, se devuelve "Negativo"; si es igual a 0, se devuelve "Cero"; y si es mayor que 0, se devuelve "Positivo".

▸ El resultado de la función Switch se asigna a la celda correspondiente en la columna B usando la instrucción Range("B" & i).Value.

```vba
Option Explicit

Sub Ejemplo_Switch()
    Dim i As Integer

    For i = 1 To Range("A" & Rows.Count).End(xlUp).Row
        Range("B" & i).Value = Switch(Range("A" & i).Value < 0, "Negativo", _
        Range("A" & i).Value = 0, "Cero", Range("A" & i).Value > 0, "Positivo")
    Next i
End Sub
```

28.20. EJERCICIO NÚMERO 20

Tipo: Condicionales, "if", "Select Case", "Chose" y "Switch"

Problema: Introduzca un número del 1 al 3 en un InputBox y mediante la función *Choose* devuelva el mismo número introducido en formato de cadena (String). Si el número es diferente a 1 y 3, el programa mostrará un mensaje indicando que el dato introducido no es correcto.

Solución: La función *Choose* en VBA de Excel es una función que permite seleccionar un valor de una lista de valores basados en un índice numérico. La sintaxis de la función *Choose* es la siguiente:

```vba
Choose(índice, caso1, caso2, ..., caso29)
```

En dónde:

▸ índice es un número entero que indica el índice del valor que se desea seleccionar. Este valor debe estar entre 1 y el número de valores de la lista.

▸ caso1, caso2, ..., caso29: son los valores posibles que se pueden seleccionar.

La función *Choose* devuelve el valor correspondiente al índice especificado. Por ejemplo, si índice es igual a 2, la función *Choose* devuelve el valor de caso2.

Un posible código para solucionar el problema, sería:

```
Option Explicit
Sub ExampleChooseFunction()
    Dim selectedNumber As Integer

    ' Solicita al usuario que seleccione un número del 1 al 3
    selectedNumber = InputBox("Selecciona un número del 1 al 3")

    If selectedNumber >= 1 And selectedNumber <= 3 Then
        ' Usa la función Choose para devolver un resultado
        ' basado en la selección del usuario
        MsgBox Choose(selectedNumber, "uno", "dos", "tres")
    Else
        ' Muestra un mensaje de error si el número seleccionado
        ' está fuera del rango válido de valores
        MsgBox "El número seleccionado no está dentro del rango válido de valores"
    End If

End Sub
```

28.21. EJERCICIO NÚMERO 21

Tipo: Bucles for, while, do y for each.

Problema: Dados varios números, devuelva una lista en orden descendente y ordene los números que existan dentro el rango.

Solución: Para ordenar los números en un rango y mostrarlos, genere un UserForms, con un textBox y un botón de calcular. Luego, seleccione los datos para posteriormente clicar sobre el botón de calcular:

Primero realice el siguiente cuadro con los UserForms:

Ilustración 76. Ejemplo de ordenación según un criterio

Haciendo doble clic sobre el UserForm creado, en concreto encima del botón "calculate", escriba el siguiente código:

```vba
Private Sub CommandButton1_Click()

Dim celda As Range
Dim i As Long
Dim j As Long
Dim temporal As Double
Dim miRango As Range
Dim resultado As String

Set miRango = Range(RefEdit1.Value) 'Selection

    For i = 1 To miRango.Cells.Count
        For j = 1 To miRango.Cells.Count

            If miRango.Cells(i).Value < miRango.Cells(j).Value Then

                temporal = miRango.Cells(i).Value
                miRango.Cells(i).Value = miRango.Cells(j).Value
                miRango.Cells(j).Value = temporal

            End If

        Next j

     Next i

    For i = 1 To miRango.Cells.Count

        resultado = CStr(miRango.Cells(i).Value) & ", " & resultado
        Me.TextBox1.Text = resultado

    Next i

End Sub
```

28.22. EJERCICIO NÚMERO 22

Tipo: Bucles for, while, do y for each.

Problema: Calcule mediante la primera regla de Simpson el área conociendo tres ordenadas de un semicírculo de radio R = 6.

Solución: Este problema es muy interesante porque permite calcular mediante un sencillo método numérico, el área de una figura, conociendo sólo algunas ordenadas equiespaciadas. Es decir, se pueden hallar las propiedades geométricas de una figura empleando un cierto número de alturas desde la base de ésta, hasta el perfil de la propia figura.

Hay varias reglas de Simpson, sin embargo, el enunciado indica que se debe utilizar la primera regla de Simpson, lo que implica emplear la siguiente expresión:

$$I = \frac{h}{3} \cdot (1 \cdot y_1 + 4 \cdot y_2 + 2 \cdot y_3 + 4 \cdot y_4 + 2 \cdot y_5 + 4 \cdot y_6 + \cdots + 2 \cdot y_{n-2} + 4 \cdot y_{n-1} + 1 \cdot y_n)$$

En dónde la "y", es la ordenada (la altura) equiespaciada un intervalo "h" constante. La fórmula está encabezada por la letra "I" de integración. Integración o integrar, de forma resumida, significa sumar. La demostración matemática del método es compleja, puesto que se entraría en el mundo de las integrales y las derivadas. Pero para entender someramente el potencial del método, éste podría calcular un volumen integrando áreas equiespaciadas.

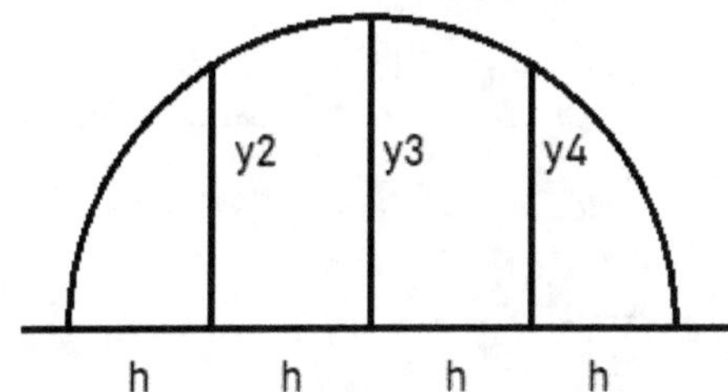

Ilustración 77. Cálculo de áreas con la primera regla de Simpson

yx	Factor Simpson	Factor Area
0	1	0
5,196	4	20,784
6	2	12
5,196	4	20,784
0	1	0
	Total	53,568
	Area Semicírculo	53,568

Tabla 11. Factores de Simpson para el cálculo de áreas

Lo que se ha realizado es el siguiente producto, sabiendo que h = 3:

$$A \approx \frac{3}{3} \cdot (1 \cdot 0 + 4 \cdot 5{,}196 + 2 \cdot 6 + 4 \cdot 5{,}196 + 1 \cdot 0) = 53{,}569$$

Como curiosidad, el error cometido es del 5% con sólo estas pocas ordenadas y sabiendo que $A_{semicírculo} = \pi \cdot R^2 / 2 = 56{,}5486678$. Cuantas más ordenadas, menor es el error. Este método es muy útil, incluso para calcular centros de flotación de un buque, momentos de áreas y de inercias, etc. También se puede lograr lo mismo y de una forma parecida con otros métodos numéricos como la segunda regla de Simpson, entre otras.

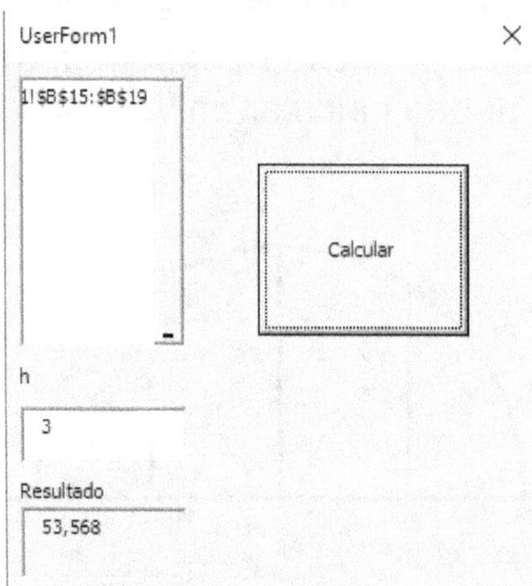

Ilustración 78. UserForm para el cálculo de áreas con la primera regla de Simpson

Finalmente, para resolver el ejercicio cree un UserForm, dónde se seleccionarán los datos mediante un refEdit. Luego dentro de un textBox se ingresará el espacio entre ordenadas "h" y en otro textBox se mostrará el resultado final, una vez se pulse el botón "calcular". Un posible código es el que sigue:

```vba
Option Explicit

Private Sub CommandButton1_Click()

Dim rango As Range
Dim miRango As Range
Dim FSPar As Double
Dim FSImpar As Double
Dim FSExtremo As Double
Dim total As Double
Dim i As Integer

    Set miRango = Range(RefEdit1.Value)
```

```vba
If (miRango.Cells.Count Mod 2) = 0 Then 'Primero comprobamos que la regla sea aplicable

    MsgBox "La primera regla de Simpson sólo es aplicabble a un número impar de ordenadas"
    'Si el número de datos es impar entonces procedemos
    ElseIf (miRango.Cells.Count Mod 2) <> 0 Then
        For i = 1 To miRango.Cells.Count
            'En los extremos se multiplica por uno
            If i = 1 Or i = miRango.Cells.Count Then
                FSExtremo = FSExtremo + 1 * miRango.Cells(i).Value
                'Para el item par se multiplica por cuatro
                ElseIf (i Mod 2) = 0 Then
                    FSPar = FSPar + 4 * miRango.Cells(i).Value
                    'Para el item impar se multiplica por dos
                    ElseIf (i Mod 2) <> 0 Then
                        FSImpar = FSImpar + 2 * miRango.Cells(i).Value
            End If
        Next i
    End If

    'mostramos el resultado
    Me.TextBox2.Text = CStr(Val(Me.TextBox1.Text) * (1 / 3) * (FSExtremo + FSPar + FSImpar))
End Sub
```

28.23. EJERCICIO NÚMERO 23

Tipo: Bucles for, while, do y for each.

Problema: Calcule áreas o volúmenes mediante la primera y segunda regla de Simpson.

Solución: Anteriormente se ha analizado la primera regla de Simpson y se ha visto que el método está limitado a un número impar de ordenadas. Lo interesante es crear un código que abarque la primera y segunda regla de Simpson para que contemple todos los casos posibles. La segunda regla de Simpson es como sigue:

$$I = \frac{3 \cdot h}{8} \cdot (1 \cdot y_1 + 3 \cdot y_2 + 3 \cdot y_3 + 2 \cdot y_4 + 3 \cdot y_5 + 3 \cdot y_6 + 2 \cdot y_7 + \cdots + 2 \cdot y_{n-3} + 3 \cdot y_{n-2} + 3 \cdot y_{n-1} + 1 \cdot y_n)$$

Estas expresiones, aunque llevan el nombre del matemático británico Thomas Simpson, fue empleada por primera vez por Evangelista Torricelli y corresponde a una regla que Johannes Kepler había expuesto en 1615. Este método se le había ocurrido al observar un bodeguero calculando con una vara de medir el vino de unos toneles que compró para su segunda boda. Creyó que la exactitud del método no era muy fiable, así pues, en 1615 escribió la obra titulada *Stereometria doliorum vinariorum*. En esta obra expone con la ayuda de parábolas, ya conocidas desde Arquímedes, un método más exacto para calcular la cantidad de vino por tonel.

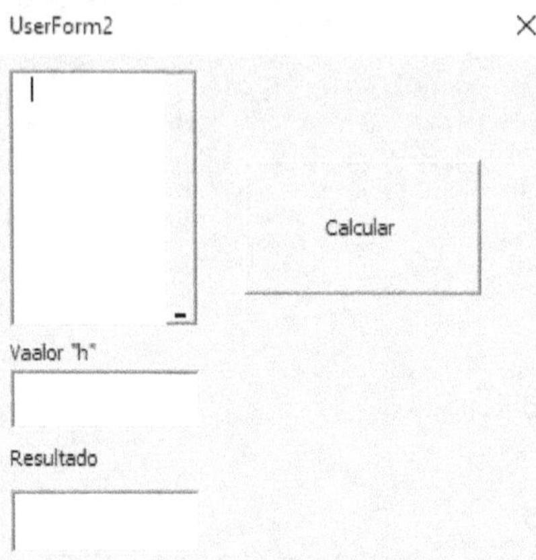

Ilustración 79. UserForm para el cálculo de áreas con las reglas de Simpson

Hoy en día existen aplicaciones, incluso gratuitas, que calculan con una muy alta precisión las propiedades geométricas de un objeto. Estas aplicaciones emplean fotogrametría para hallar la geometría de un cuerpo tridimensional. Sin embargo, el anterior código podría ser la base para hacer una primitiva calculadora de áreas o volúmenes conociendo algunas ordenadas.

```vba
Private Sub CommandButton1_Click()

Dim rango, miRango As Range
Dim FSPar, FSImpar, FSExtremo, FSfalse, FStrue As Double
Dim i As Integer
Dim a As Double

Set miRango = Range(RefEdit1.Value)

    If (miRango.Cells.Count Mod 2) = 0 Then
        For i = 1 To miRango.Cells.Count
        a = (i - 4) / 3 'cálculo para analizar cuando hemos de utilizar FS = 2
            If i = 1 Or i = miRango.Cells.Count Then
                FSExtremo = FSExtremo + 1 * miRango.Cells(i).Value
                    ElseIf i > 1 And a <> Int(a) Then 'Analizamos si a es entero o no
                        'Si "a" no es entero multiplicamos por 3
                        FSfalse = FSfalse + 3 * miRango.Cells(i).Value
                            ElseIf a = Int(a) And i < miRango.Cells.Count Then
                                'Si "a" es entero multiplicamos por 2
                                FStrue = FStrue + 2 * miRango.Cells(i).Value
            End If
        Next i

        Me.TextBox1.Text = CStr(Val(Me.TextBox2.Text) * (3 / 8) * (FSExtremo + FSfalse + FStrue))

        Else
            For i = 1 To miRango.Cells.Count
                If i = 1 Or i = miRango.Cells.Count Then
                    FSExtremo = FSExtremo + 1 * miRango.Cells(i).Value
                        ElseIf (i Mod 2) = 0 Then
                            FSPar = FSPar + 4 * miRango.Cells(i).Value
                                ElseIf (i Mod 2) <> 0 Then
                                    FSImpar = FSImpar + 2 * miRango.Cells(i).Value
                End If
            Next i
```

```
        Me.TextBox1.Text = CStr(Val(Me.TextBox2.Text) * (1 / 3) * (FSExtremo + FSPar + FSImpar))
    End If
End Sub
```

28.24. EJERCICIO NÚMERO 24

Tipo: Bucles for, while, do y for each.

Problema: Sombree en verde, mediante la función vbGreen, las celdas de la columna "A" sólo iguales a uno terminando el proceso en ese instante.

Solución: En el ejercicio recorrerá y coloreará todas las celdas de la columna "A" hasta que el valor sea distinto de 1. Cuando el valor de la celda es igual a 1, finaliza el Loop.

6
5
10
5
10
1
10
2
6
2
1
5
44

Ilustración 80. Ejemplo de coloración de celdas mediante bucles

Para ello, emplee el siguiente código:

```
Sub colorear()

Range("A1").Select

    Do While ActiveCell.Value <> 1

        ActiveCell.Offset(1, 0).Select

            If ActiveCell.Value = 1 Then

                ActiveCell.Interior.Color = vbGreen

                ElseIf ActiveCell.Value = "" Then

                    Exit Do
```

```
                        End If

        Loop

    End Sub
```

28.25. EJERCICIO NÚMERO 25

Tipo: Bucles for, while, do y for each.

Problema: Si existe el valor, encuentre la posición de un número mediante un UserForms de cinco números introducidos.

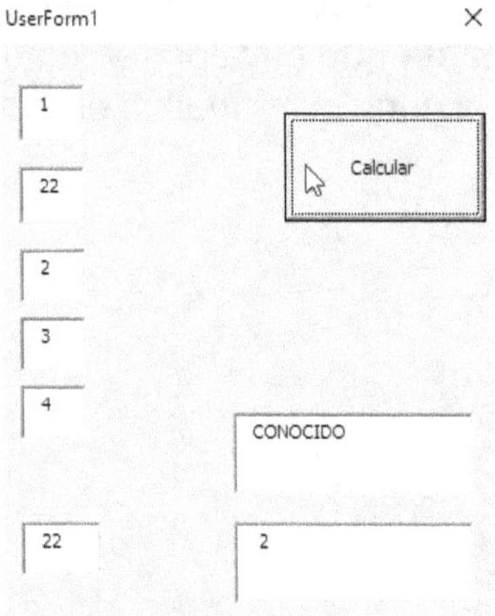

Ilustración 81. Hallar la posición de un número introducido en un UserForm

Solución: Para solucionar este ejercicio cree un UserForm para poder introducir 5 valores y que devuelva si el valor introducido existe y si es el caso, que indique la posición dentro del array. Para ello, puede emplear el siguiente código:

```
Private Sub CommandButton1_Click()

Dim val(5) As Integer
Dim z As String
Dim a As Double

val(1) = Me.TextBox1.Text
val(2) = Me.TextBox2.Text
val(3) = Me.TextBox3.Text
val(4) = Me.TextBox4.Text
val(5) = Me.TextBox5.Text
```

```vba
val6 = Me.TextBox6.Text

z = "DESCONOCIDO"

For i = 0 To UBound(val, 1)
    If val(i) = val6 Then
        z = "CONOCIDO"
        a = i
        Exit For
    End If
Next i

If a <> 0 Then
    Me.TextBox8.Text = Str(i)
        ElseIf a = 0 Then
            Me.TextBox8.Text = "DESCONOCIDO"
End If

Me.TextBox7.Text = z
End Sub
```

28.26. EJERCICIO NÚMERO 26

Tipo: Bucles for, while, do y for each.

Problema: Introduzca dos "arrays" de cinco letras y determine cuántas de éstas coinciden.

Solución: Para resolver este problema realice un UserForm dónde se introduzcan 5 + 5 letras. El programa indica cuantas coinciden.

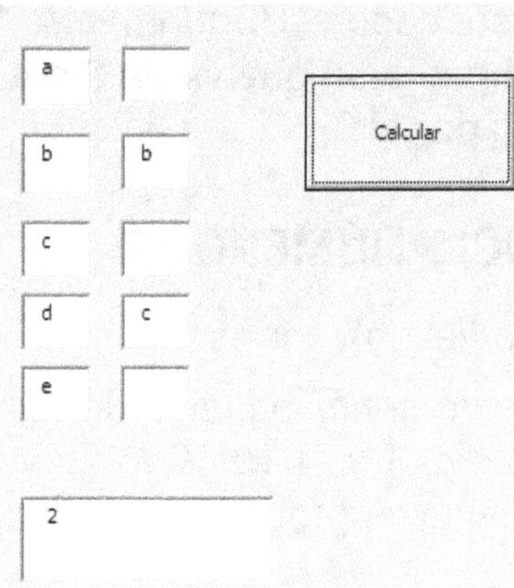

Ilustración 82. Ejemplo de Arrays

Para ello, puede emplear el siguiente código:

```vba
Private Sub CommandButton1_Click()

Dim a As Integer
Dim i As Integer
Dim j As Integer
Dim valA(4) As String
Dim valB(4) As String

valA(0) = Me.TextBox1.Text
valA(1) = Me.TextBox2.Text
valA(2) = Me.TextBox3.Text
valA(3) = Me.TextBox4.Text
valA(4) = Me.TextBox5.Text

valB(0) = Me.TextBox6.Text
valB(1) = Me.TextBox7.Text
valB(2) = Me.TextBox8.Text
valB(3) = Me.TextBox9.Text
valB(4) = Me.TextBox10.Text

    For i = 0 To UBound(valA, 1)
        For j = 0 To UBound(valB, 1)
            If valA(i) <> 0 & valB(j) <> 0 Then
                If valA(i) = valB(j) Then
                    a = a + 1
                End If
            End If
        Next j
    Next i

Me.TextBox11.Text = Str(a)
End Sub
```

Nota: La función Ubound se emplea para hallar el tamaño de un matriz. Ubound(nombre del array, límite de la dimensión de la matriz). En este caso el UBound(valA, 1) es 4. Es decir, la matriz es de una dimensión que va de 0 a 4. Recuerde que las matrices empiezan por el 0.

28.27. EJERCICIO NÚMERO 27

Tipo: Bucles for, while, do y for each.

Problema: Realice un sencillo juego, dónde el usuario adivine un número de entre el 1 y el 10. Si lo adivina, el programa le felicita. Sino lo adivina, el programa le indica si se excede por exceso o defecto.

Solución: En este juego, se creará un UserForm especial llamado InputBox. Es una función de Excel que genera un cuadro de diálogo sin necesidad de crearlo ni ser diseñado.

Ilustración 83. Juego de adivinanzas

Para poder realizar el programa, primero se introduce un número de entre 1 y 10. El InputBox contiene el texto: "Adivina un número de entre 1 y 10". El programa genera número aleatorio y lo compara con el número introducido por el usuario:

```
Sub juegoAdivinanza()

Dim adivinaNumero As Integer
Dim numeroUsuario As Integer


adivinaNumero = Application.WorksheetFunction.RandBetween(1, 10)

    Do

    numeroUsuario = InputBox("Adivina un número de entre 1 y 10:")

        If numeroUsuario = adivinaNumero Then

            MsgBox "¡Has adivinado el número!. ¡Felicidades!"

            Exit Do

            ElseIf numeroUsuario > adivinaNumero Then

                MsgBox "Me has dado un número muy alto"

                    Else

                    MsgBox "Me has dado un número muy bajo"

        End If

    Loop

End Sub
```

Nota: Otra cosa que hace interesante a este juego, es el hecho de utilizar el Do-Loop. El juego se repite continuamente hasta adivinar el número. Una vez conseguido se termina el juego con el "exit do".

28.28. EJERCICIO NÚMERO 28

Tipo: Bucles for, while, do y for each.

Problema: Realice un ejercicio sencillo dónde se guarde y compruebe una contraseña creada por un usuario.

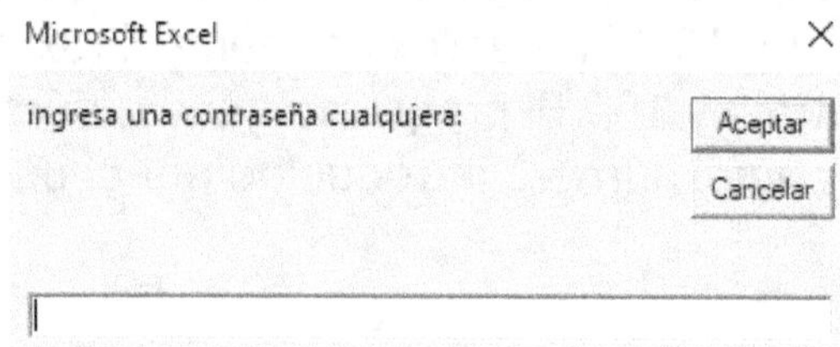

Ilustración 84. Creación de una contraseña

Solución: El mundo de las contraseñas es complejo. Más aún si se entra en el campo de la criptografía. Ambos no son objeto de este libro pudiendo ocupar una carrera universitaria. Sin embargo, se puede a plantear este ejercicio de una forma sencilla:

```vba
Sub guardarContraseña()

Dim contraseñaGuardada As String
Dim contraseñaComprobada As String

    contraseñaGuardada = InputBox("ingresa una contraseña cualquiera:")
    MsgBox "La contraseña ha sido guardada con éxito"

 Do

        contraseñaComprobada = InputBox("ingrese la contraseña:")

        If contraseñaGuardada = contraseñaComprobada Then

            MsgBox "La contraseña es correcta"
            Exit Do

        Else

            MsgBox "La contraseña es incorrecta"

        End If

 Loop

End Sub
```

Nota: En una variable del tipo "String" se ingresa una contraseña y ésta se comparará con la segunda contraseña ingresada. Si ambas son iguales, un cuadro de diálogo lo indicará y se saldrá del "Loop". Sino son iguales, solicita que se ingrese nuevamente hasta que coincidan.

28.29. EJERCICIO NÚMERO 29

Tipo: Bucles for, while, do y for each.

Problema: Para cada celda de la columna "A" represente el valor secuencial (es decir, 1, 2, 3, 4, etc.) desde el número 1 cada segundo. Para ello cree un Loop del que se pueda salir al presionar la tecla "escape".

Solución: Este código utiliza un Loop *Do While* para llenar las celdas de la columna "A" con números secuenciales. Cada segundo se añade un nuevo valor. La variable "i" comienza en 1 y se incrementa en 1 para cada iteración del "Loop". Dentro del "Loop", la línea "Range("A" & i).value = i, es que se encarga de escribir el valor de "i" en la celda correspondiente de la columna "A".

```vba
Option Explicit

Private Declare PtrSafe Function GetAsyncKeyState _
Lib "user32.dll" (ByVal vKey As Long) As Integer

Sub pararLoop()

Dim i As Integer
i = 1

    Do While True

        'Mostrar el valor de cada celda cada segundo
        If Application.Wait(Now + TimeValue("0:00:01")) = True Then
            Range("A" & i).Value = i
            i = i + 1
        End If

        'Al presionar escape salimos del juego
        If GetAsyncKeyState(vbKeyEscape) <> 0 Then
            Exit Do
        End If

    Loop

End Sub
```

La razón por la cual se utiliza el *"While True"* es porque el Loop se ejecuta indefinidamente hasta que se interrumpe con la ejecución del "Exit Do". Es decir, el "Loop" seguirá ejecutándose mientras la condición "True" se cumpla, lo cual siempre será cierto.

Para salir del "Loop" el usuario debe presionar la tecla "ESC". El código emplea la función *"GetAsyKeyState"* para verificar si la tecla Escape se presiona, el "Loop" se interrumpe con la introducción "Exit Do".

La función privada: *"Private Declare PtrSafe Function GetAsyncKeyState Lib "user32.dll" (ByVal vKey As Long) As Integer"* es una función en VBA que permite utilizar una función del sistema operativo de Windows llamada *GetAsyncKeyState*. Esta función que devuelve información sobre el estado de una tecla en el teclado. Toma como argumento el código de la tecla que se quiere comprobar, especificado como un valor entero "vKey", y devuelve un valor entero que indica si la tecla está o no presionada. La palabra clave "Declare" se utiliza para declarar que se está utilizando una función externa al programa en nuestro código de "VBA". La palabra clave "PtrSafe" se utiliza para indicar que nuestro código es compatible con versiones de 32 bits como de 64 bits de Microsoft Office. La parte Lib "user32.dll" indica el nombre de la biblioteca de enlace dinámico que contiene la función *GetAsyncKeyState*. Dicha biblioteca es un archivo que contiene la relación de funciones y recursos empleados por varios programas.

Finalmente, este código tiene una espera de un segundo antes de representar la secuencia numérica. Si se desea cambiar el tiempo de espera se puede modificar el valor "0:00:01" otro valor.

28.30. EJERCICIO NÚMERO 30

Tipo: Bucles for, while, do y for each.

Problema: Genere la serie de Fibonacci de "*N*" elementos, sabiendo que dicha serie cumple que cada elemento actual de la serie es el resultado de la suma de los dos anteriores: $a_n = a_{n-1} + a_{n-2}$. Luego, calcule el error para cada a_n conociendo que la relación $a_n/a_{n-1} \approx (1 + \sqrt{5})/2$.

Solución: La serie de Fibonacci es una secuencia matemática infinita descubierta por el matemático italiano Leonardo Fibonacci en el siglo XIII mientras estudiaba la reproducción de conejos. Esta serie tiene muchas propiedades interesantes puesto que se encuentra en la naturaleza. Algunos ejemplos se hallan en la disposición de las ramas de los árboles, en la espiral de las conchas de caracol, en las semillas de un girasol, la belleza del cuerpo humano y muchas otras formas en la naturaleza. También en la arquitectura y sus elementos como la Sagrada Familia de Barcelona. En el campo de la informática se emplea en la criptografía, también en el mundo financiero y la matemática fractal. La serie de Fibonacci, está íntimamente relacionada con el número áureo, es decir, $(1 + \sqrt{5})/2 \approx 1,618033989....$

Hay una larga y extensa biografía sobre el tema, llegando incluso en el ámbito de la ingeniería, física, arquitectura, medicina y la filosofía. Sin embargo, éste es un modesto ejemplo que puede ser de utilidad al estudiante de VBA.

La serie empieza con que los dos primeros números son el 1 y 2, por lo que la expresión $a_n = a_{n-1} + a_{n-2}$ aplica cuando $n \geq 2$

Cálculo	Valor Serie	Número Áureo	Error
1	1	-	-
2	2	2	-23,6067977500 %
3 = 2 + 1	3	1,5	7,2949016875 %
5 = 3 + 2	5	1,66666667	-3,0056647916 %
8 = 5 + 3	8	1,6	1,1145618000 %
13 = 8 + 5	13	1,625	-0,4305231719 %
21 = 13 + 8	21	1,61538462	0,1637402789 %

Cálculo	Valor Serie	Número Áureo	Error
34 = 21 + 13	34	1,61904762	-0,0626457976 %
55 = 34 + 21	55	1,61764706	0,0239135846 %
89 = 55 + 34	89	1,61818182	-0,0091363613 %
144 = 89 + 55	144	1,61797753	0,0034894607 %
233 = 144 + 89	233	1,61805556	-0,0013329019 %
377 = 233 + 144	377	1,61802575	0,0005091164 %

Tabla 12. Serie de Fibonacci

Como se observa, el error se reduce a medida que se obtienen más valores de la serie. Para un valor de 102334155, el error es de 0,000000000000137231 %.

Luego, cree un InputBox dónde se ingrese el número de elementos que debe contener la serie. Luego, en la columna A, aparecerá un número secuencia, en la columna B los valores de la serie, en la columna C la relación a_n/a_{n-1} y finalmente el error en la columna D.

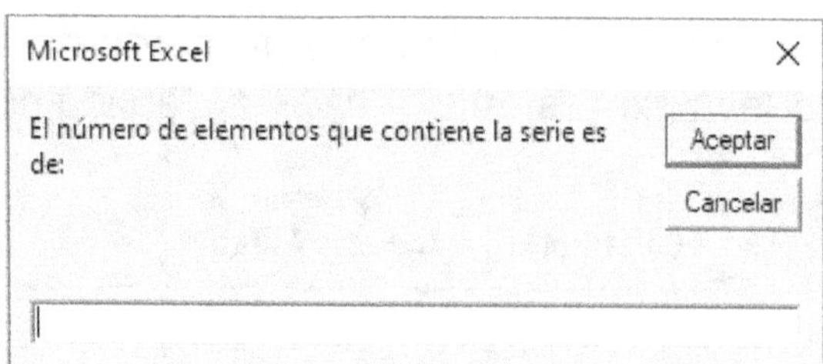

Ilustración 85. Generación de una serie de Fibonacci de "N" elementos

Un posible código sería:

```vba
Option Explicit

Sub Fibonacci()

Dim item As Integer
Dim i As Integer
Dim aureo As Double
'Calculamos el valor exacto del número áureo
aureo = (1 + (5 ^ 0.5)) / 2
```

```
'ingresamos el número de ítems
item = InputBox("El número de elementos que contiene la serie es de: ")

    Do While i < item

        i = i + 1 'para cada iteración se suma la unidad

        Cells(i, 1).Value = i ' valor secuencial
    'ingresamos los valores para los dos primeros ítems de la serie
        If i <= 2 Then

            Cells(1, 2).Value = 1
            Cells(1, 3).Value = 0
            Cells(2, 2).Value = 2
            Cells(2, 3).Value = 2
            Cells(2, 4).Value = 100 * (aureo - Cells(i, 3).Value) / aureo
    'calculamos el resto de ítems de la serie superiores a los dos primeros
    'valores de la serie
            ElseIf i > 2 Then

                'valor Fibonacci
                Cells(i, 2).Value = Cells(i - 1, 2).Value + Cells(i - 2, 2).Value
                'valor áureo
                Cells(i, 3).Value = Cells(i, 2).Value / Cells(i - 1, 2).Value
                'error calculado
                Cells(i, 4).Value = 100 * (aureo - Cells(i, 3).Value) / aureo
        End If

    Loop
End Sub
```

28.31. EJERCICIO NÚMERO 31

Tipo: Funciones, procedimientos y subalgoritmos

Problema: Realice el producto de dos números cualesquiera mediante una función.

Solución: Para realizar la función emplee parámetros por valor de manera que el programa principal NO este interconectado con el subprograma (en este caso función). Si los valores de los parámetros se modifican dentro del subprograma, no lo harán en el programa principal.

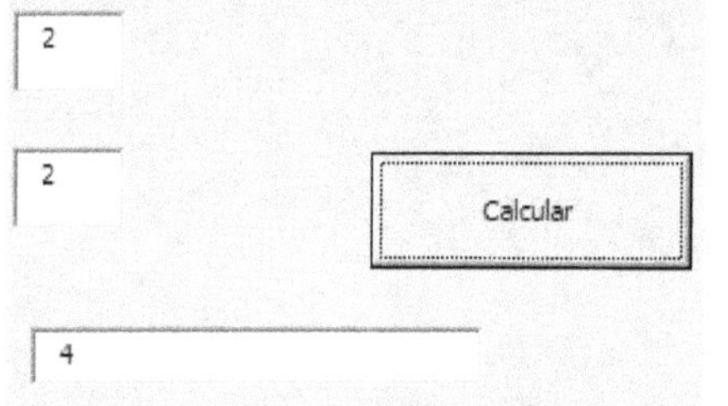

Ilustración 86. Producto de dos números cualesquiera

El código podría ser el siguiente:

```
Private Sub Calcular_Click()

Dim a As Double
Dim b As Double
Dim c As Double

a = Val(Me.TextBox1.Text)
b = Val(Me.TextBox2.Text)

c = producto(a, b)

Me.TextBox3.Text = c

End Sub


Private Function producto(ByVal input1 As Double, _
 ByVal input2 As Double) As Double
Dim c As Double

c = input1 * input2

producto = c

End Function
```

28.32. EJERCICIO NÚMERO 32

Tipo: Funciones, procedimientos y subalgoritmos

Problema: Realice el producto de cuatro números cualesquiera mediante una función y un vector de una dimensión.

Solución: Para resolver este ejercicio, cree un UserForm donde se introduzcan cuatro valores cualesquiera y se multipliquen entre ellos. Tenga en cuenta que la función debe tener una matriz como argumento del tipo byRef:

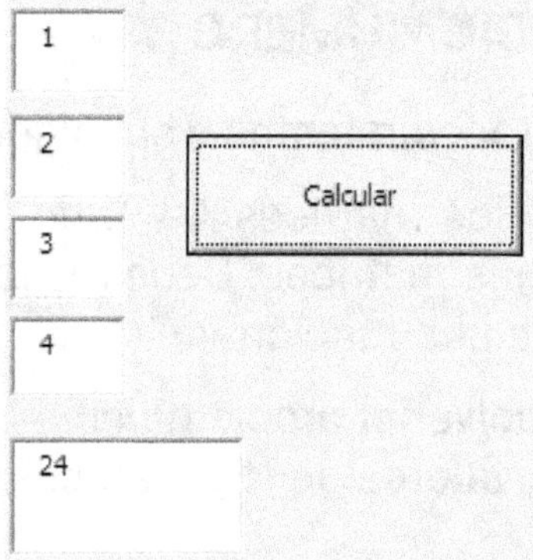

Ilustración 87. Producto de cuatro números cualesquiera

El código podría ser el siguiente:

```
Private Sub Calcular_Click()

Dim p(3) As Double
Dim r As Double

p(0) = Val(Me.TextBox1.Text)
p(1) = Val(Me.TextBox2.Text)
p(2) = Val(Me.TextBox3.Text)
p(3) = Val(Me.TextBox4.Text)

r = producto(p)

Me.TextBox5.Text = r

End Sub
```

```
Private Function producto(ByRef entrada() As Double) As Double

Dim c As Double
Dim i As Integer
c = 1
'sino indicamos que el primer "c" es igual a 1,
'el resultado siempre será 0.
    For i = 0 To UBound(entrada, 1)

        c = c * entrada(i)
        producto = c

    Next i

End Function
```

28.33. EJERCICIO NÚMERO 33

Tipo: Funciones, procedimientos y subalgoritmos

Problema: Dadas dos matrices A y B de tres x tres, obtenga el producto de dichas matrices. Debe realizar el problema mediante el empleo de una función.

Solución: Para resolver el problema cree un UserForm donde se introduzcan los valores de las matrices y se muestre el resultado:

Ilustración 88. Producto de dos matrices

Puede emplear el siguiente código:

```
Private Sub CommandButton1_Click()

    Dim a(2, 2) As Integer
    Dim b(2, 2) As Integer
    Dim c() As Integer

'Obtención datos matrices. Nota: los ":" permite reducir el número
'de lineas al agrupar código.
    a(0, 0) = Val(Me.TextBox1.Text): a(0, 1) = Val(Me.TextBox2.Text)
    a(0, 2) = Val(Me.TextBox3.Text): a(1, 0) = Val(Me.TextBox4.Text)
    a(1, 1) = Val(Me.TextBox5.Text): a(1, 2) = Val(Me.TextBox6.Text)
    a(2, 0) = Val(Me.TextBox7.Text): a(2, 1) = Val(Me.TextBox8.Text)
    a(2, 2) = Val(Me.TextBox9.Text)
```

```
    b(0, 0) = Val(Me.TextBox10.Text): b(0, 1) = Val(Me.TextBox11.Text):
    b(0, 2) = Val(Me.TextBox12.Text): b(1, 0) = Val(Me.TextBox13.Text):
    b(1, 1) = Val(Me.TextBox14.Text): b(1, 2) = Val(Me.TextBox15.Text):
    b(2, 0) = Val(Me.TextBox16.Text): b(2, 1) = Val(Me.TextBox17.Text)
    b(2, 2) = Val(Me.TextBox18.Text)

    c = matrizProducto(a, b)

    Me.TextBox19.Text = c(0, 0): Me.TextBox20.Text = c(0, 1)
    Me.TextBox21.Text = c(0, 2): Me.TextBox22.Text = c(1, 0)
    Me.TextBox23.Text = c(1, 1): Me.TextBox24.Text = c(1, 2)
    Me.TextBox25.Text = c(2, 0): Me.TextBox26.Text = c(2, 1)
    Me.TextBox27.Text = c(2, 2)

End Sub


Private Function matrizProducto(ByRef matrizA() As Integer, _
ByRef matrizB() As Integer) As Integer()


    Dim i As Integer
    Dim j As Integer
    Dim k As Integer
    Dim d(2, 2) As Integer

'Producto de matrices

      For i = 0 To 2
         For j = 0 To 2
            For k = 0 To 2

                d(i, j) = d(i, j) + matrizA(i, k) * matrizB(k, j)

            Next k
         Next j
      Next i

    matrizProducto = d

End Function
```

Este problema es muy interesante porque permite resolver producto de matrices, algo muy útil en ingeniería y matemáticas. Por ejemplo, en el cálculo de estructuras es muy interesante para resolver por ejemplo estructuras por el método matricial.

28.34. EJERCICIO NÚMERO 34

Tipo: Funciones, procedimientos y subalgoritmos

Problema: Dadas dos matrices A y B de tres x tres, obtenga la resta de dichas matrices. Hay que realizar el problema mediante el empleo de una función.

Solución: Para resolver el problema genere un UserForm donde se introduzcan los valores de las matrices y se muestre el resultado:

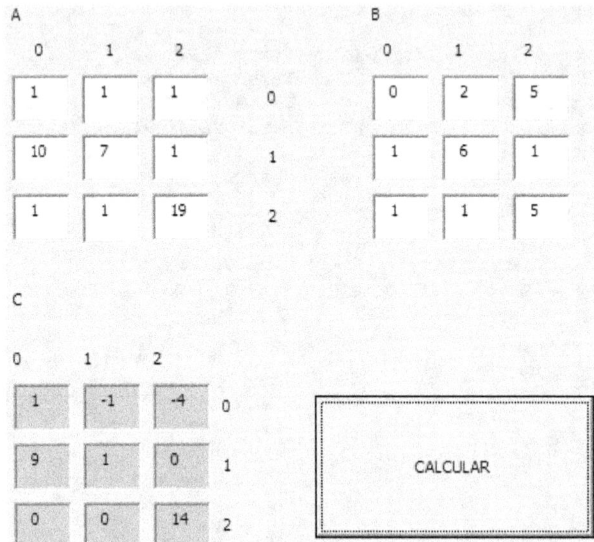

Ilustración 89. Resta de dos matrices

Se puede emplear el siguiente código:

```vba
Private Sub CommandButton1_Click()

    Dim a(2, 2) As Integer
    Dim b(2, 2) As Integer
    Dim c() As Integer

'Obtención datos matrices. Nota: los ":" permite reducir el número
'de lineas al agrupar código.
    a(0, 0) = Val(Me.TextBox1.Text): a(0, 1) = Val(Me.TextBox2.Text)
    a(0, 2) = Val(Me.TextBox3.Text): a(1, 0) = Val(Me.TextBox4.Text)
    a(1, 1) = Val(Me.TextBox5.Text): a(1, 2) = Val(Me.TextBox6.Text)
    a(2, 0) = Val(Me.TextBox7.Text): a(2, 1) = Val(Me.TextBox8.Text)
    a(2, 2) = Val(Me.TextBox9.Text)

    b(0, 0) = Val(Me.TextBox10.Text): b(0, 1) = Val(Me.TextBox11.Text):
    b(0, 2) = Val(Me.TextBox12.Text): b(1, 0) = Val(Me.TextBox13.Text):
    b(1, 1) = Val(Me.TextBox14.Text): b(1, 2) = Val(Me.TextBox15.Text):
    b(2, 0) = Val(Me.TextBox16.Text): b(2, 1) = Val(Me.TextBox17.Text)
    b(2, 2) = Val(Me.TextBox18.Text)

    c = matrizProducto(a, b)
```

```
        Me.TextBox19.Text = c(0, 0): Me.TextBox20.Text = c(0, 1)
        Me.TextBox21.Text = c(0, 2): Me.TextBox22.Text = c(1, 0)
        Me.TextBox23.Text = c(1, 1): Me.TextBox24.Text = c(1, 2)
        Me.TextBox25.Text = c(2, 0): Me.TextBox26.Text = c(2, 1)
        Me.TextBox27.Text = c(2, 2)

End Sub

Private Function matrizProducto(ByRef matrizA() As Integer, _
ByRef matrizB() As Integer) As Integer()

    Dim i As Integer
    Dim j As Integer
    Dim k As Integer
    Dim d(2, 2) As Integer

'Producto de matrices

        For i = 0 To 2
            For j = 0 To 2

            d(i, j) = matrizA(i, j) - matrizB(i, j)

            Next j
        Next i

    matrizProducto = d

End Function
```

Nota: Al igual que en el ejercicio anterior, la suma y resta de matrices es algo imprescindible en el ámbito científico-técnico.

28.35. EJERCICIO NÚMERO 35

Tipo: Funciones, procedimientos y subalgoritmos

Problema: Introduzca cuatro valores en una matriz de 2 x 2 y obtenga el menor número ingresado. Para resolver el problema debe emplear una función.

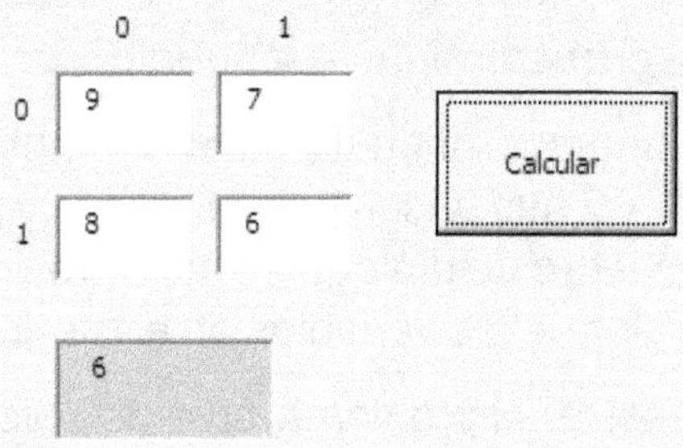

Ilustración 90. Menor de una matriz de cuatro elementos

Solución: Para resolver el problema cree un UserForms, como el de la ilustración superior, dónde se introduzcan 4 valores y muestre como resultado, el menor de todos. Un posible código sería el mostrado a continuación:

```
Private Sub Calcular_Click()
Dim s As Integer

'Declaramos la dimensión de la matriz, en este caso 2 x 2
Dim m(1, 1) As Integer

'Entradas
m(0, 0) = Val(Me.TextBox1.Text)
m(0, 1) = Val(Me.TextBox2.Text)
m(1, 0) = Val(Me.TextBox3.Text)
m(1, 1) = Val(Me.TextBox4.Text)

'llamada a la función
s = menor(m)

'Mostrar resultado salida
Me.TextBox5.Text = Str(s)

End Sub

'Indicamos que recibirá una matriz()
Private Function menor(ByRef matriz() As Integer) As Integer
Dim s As Integer 'Almacena la solución
Dim i As Integer
Dim j As Integer

s = matriz(0, 0) 's sirve para comparar cada valor
For i = 0 To 1
    For j = 0 To 1
        If matriz(i, j) < s Then
            s = matriz(i, j)
        End If
    Next
Next
```

28.36. EJERCICIO NÚMERO 36

Tipo: Funciones, procedimientos y subalgoritmos

Problema: Cree una subrutina llamada "ejemplo" con dos argumentos, variable 1 y 2 que pasen por referencia y por valor. De manera que con un cuadro de diálogo se muestre como se modifica o permanece el valor de las variables en el programa principal.

Solución: Para resolver el problema, cree dos bloques, un programa principal (main) y una función o subrutina "ejemplo". La subrutina "ejemplo" tendrá dos argumentos, la "variable1" y la "variable2". La "variable1" se pasará por referencia (ByRef), lo que significa que cualquier cambio que se realice en la "variable1" dentro de la subrutina también se reflejará en la variable original fuera de la subrutina. La "variable2", por otro lado, se pasa por valor lo que significa que cualquier cambio que se haga en la "variable2" dentro de la subrutina no afectará a la variable original fuera de la subrutina. En el procedimiento "main" (principal en inglés) se declararán dos variables "a" y "b" y se les asignará un valor de 1. A continuación, se llamará a la subrutina "ejemplo" pasando "a" y "b" como argumentos. Dentro de la subrutina, se incrementará el valor de la "variable1" y "variable2" en la unidad. Después de llamar a la subrutina se imprimirá el valor de "a" y "b". En este caso "a" se incrementará en uno porque se pasará por referencia mientras que "b" permanecerá sin cambios porque pasó por valor.

```
Sub main()
Dim a As Integer
Dim b As Integer

a = 1
b = 1

ejemplo a, b

MsgBox "variable 1 fuera de la subrutina: " & a
MsgBox "variable 2 fuera de la subrutina: " & b

End Sub

Sub ejemplo(ByRef variable1 As Integer, ByVal variable2 As Integer)

variable1 = variable1 + 1
variable2 = variable2 + 1

MsgBox "variable 1 dentro de la subrutina: " & variable1
MsgBox "variable 2 dentro de la subrutina: " & variable2

End Sub
```

28.37. EJERCICIO NÚMERO 37

Tipo: Funciones, procedimientos y subalgoritmos

Problema: Cree una función para concatenar tres celdas consecutivas y separar el contenido mediante un guion. Si la última celda no contiene datos, sólo de concatenar las dos primeras celdas adyacentes.

	A	B	C	D	E
1					
2	a	b	c	=concatenarTresCeldas(A2:C2)	

Ilustración 91. Ejemplo de una concatenación de tres elementos

Solución: En Excel existen muchísimas funciones. Por ejemplo, buscarv, sumar.si, contar, etc. Pero es posible, que se necesite generar alguna función que no exista. Para crear una función no predefinida en Excel diríjase a Insertar ⊠ Módulo. En el módulo escriba el siguiente código:

```
Option Explicit

Function concatenarTresCeldas(rango As Range) As String

    If rango.Cells(1, 3) <> "" Then

        concatenarTresCeldas = rango.Cells(1, 1) & _
        "-" & rango.Cells(1, 2) & "-" & rango.Cells(1, 3)
            ElseIf rango.Cells(1, 3) = "" Then
                concatenarTresCeldas = rango.Cells(1, 1) & "-" & rango.Cells(1, 2)

    End If


End Function
```

Nota: Las fórmulas de Excel de Excel, deben crearse en los módulos y no en las hojas del editor de VBA. La razón principal se debe a que las fórmulas personalizadas están destinadas a ser utilizadas en varias hojas de cálculo. Por lo que colocarlas en un módulo permite que estén disponibles para todas las hojas de cálculo de un libro.

28.38. EJERCICIO NÚMERO 38

Tipo: Gráficos

Problema: Represente una estrella de cinco puntas mediante la función "Shape" de Excel.

Solución: El siguiente código añadirá una estrella de cinco puntas en la ubicación X = 100, Y = 100, con un ancho y alto de 100 unidades, rellenado con el color amarillo, un borde rojo con un ancho de línea de tres unidades y con un estilo de línea de puntos redondos.

Ilustración 92. Ejemplo de representación de una estrella de cinco puntas adornada

```vba
Sub dibujarEstrella()

Dim miHoja As Worksheet
Set miHoja = ActiveSheet

Dim miForma As Shape
Set miForma = miHoja.Shapes.AddShape(msoShape5pointStar, 100, 100, 100, 100)

    With miForma
        .Fill.Visible = msoTrue
        .Fill.ForeColor.RGB = RGB(255, 255, 0) 'color amarillo
        .Line.Weight = 3
        .Line.DashStyle = msoLineRoundDot
        .Line.ForeColor.RGB = RGB(255, 0, 0) 'color rojo
    End With

End Sub
```

Nota: Este ejercicio es interesante porque ayuda a comprender cómo representar formas en Excel, además de generar colores mediante el RGB y emplear el with con el objetivo de dotar a la estrella de características personalizadas. Las formas (shapes) pueden ser interesantes por muchas razones, por ejemplo, permite resaltar alguna línea de nuestra tabla, crear gráficos personalizados, crear diagramas de flujo, presentaciones o cualquier situación en la que se necesite representar datos o ideas de manera visual o atractiva.

28.39. EJERCICIO NÚMERO 39

Tipo: Gráficos

Problema: Represente un histograma a partir de un rango de datos procedente de una hoja de cálculo. Proporcione un

formato al título junto a los títulos de los ejes.

Ilustración 93. Generación de gráficos con VBA

Solución: Para crear un histograma se puede emplear el método de la clase "shapes" de VBA el cual se utiliza para agregar un nuevo objeto de gráfico en la hoja de cálculo. Este método es una versión mejorada de AddChart que se empleaba en versiones anteriores de VBA. En AddChart2 se proporciona como argumento xlColumnClustered el cual indica que se desea crear un gráfico de columnas agrupadas. El 240 se refiere al tipo de gráfico de columnas agrupadas. Pruebe en variar esta cifra para ver las posibilidades que existen.

```vba
Sub crearGrafico()

'Seleccionar datos
Sheets("hoja2").Range("A1:B12").Select

'Insertar gráfico
ActiveSheet.Shapes.AddChart2(240, xlColumnClustered).Select

'Damos formato al gráfico
    With ActiveChart
        .HasTitle = True
        .ChartTitle.Text = "Ingresos mensuales"
        .Axes(xlCategory).HasTitle = True
        .Axes(xlCategory).AxisTitle.Text = "Mes"
        .Axes(xlValue).HasTitle = True
        .Axes(xlValue).AxisTitle.Text = "Ventas"
    End With

End Sub
```

28.40. EJERCICIO NÚMERO 40

Tipo: Gráficos

Problema: Realice una barra de progreso que muestre el estado de ejecución de un programa. Para ello, el programa se debe ejecutar al clicar en un botón.

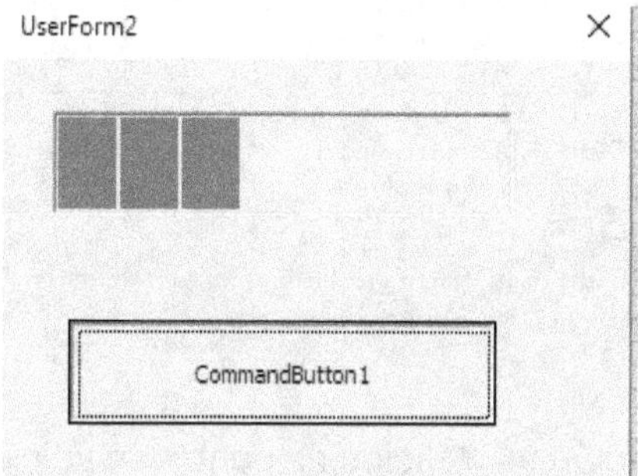

Ilustración 94. Generación de una barra de progreso

Solución: Para poder realizar este problema, lo primero es crear un userForms con un botón que al pulsarlo ejecute un programa. Luego añada la barra de progreso tal como sigue:

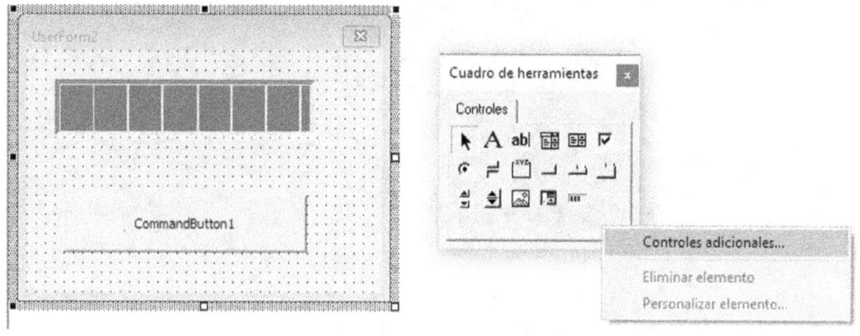

Ilustración 95. Generación de una barra de progreso con un UserForm

Al realizar el programa es posible que no se visualice tal componente. Si es así, haga clic con el botón derecho del *"mouse"* en *"Controles adicionales"* y seleccione el control adicional: *"Microsoft ProgressBar Control"*.

Controles adicionales

Controles disponibles:

Microsoft Outlook Sender Photo Control
Microsoft Outlook Text Box Control
Microsoft Outlook Time Control
Microsoft Outlook Time Zone Control
Microsoft Outlook View Control
Microsoft ProgressBar Control, version 6.
Microsoft RDP Client Control - version 10
Microsoft RDP Client Control - version 11
Microsoft RDP Client Control - version 12
Microsoft RDP Client Control - version 2
Microsoft RDP Client Control - version 3
Microsoft RDP Client Control - version 4

Aceptar

Cancelar

Mostrar

solo los elementos seleccionadc

Microsoft ProgressBar Control, version 6.0
Ubicación C:\Windows\SysWOW64\MSCOMCTL.OCX

Ilustración 96. Adición de controles adicionales

Luego, puede emplear el siguiente código, el cual calcula un porcentaje declarado como "integer" y realiza 10.000 iteraciones para ralentizar la progresión de la barra. Finalmente, se redonda el valor del porcentaje, dejándolo sin decimales (round).

```vba
Option Explicit

Private Sub CommandButton1_Click()

'Definir variables
Dim i As Long
Dim n As Long
Dim porcentaje As Integer


'Definir el número de iteraciones
n = 10000

    'Realizar el bucle
    For i = 0 To n
        'Calcular el porcentaje de progreso
        porcentaje = Round(i / n * 100, 0)

        'Actualizar barra de progreso
        Controls("ProgressBar1").Value = porcentaje

        DoEvents
    Next i

End Sub
```

28.41. EJERCICIO NÚMERO 41

Tipo: Gráficos

Problema: Cree un gráfico que sea la base del juego del telepong o (ping-pong). Para ello, cree un área de juego y una pelota que rebote dentro unos límites y cuando toque una pala.

Solución: El juego del Pong (o Tele-Pong) es un videojuego que forma parte de la primera generación de videoconsolas y videojuegos publicado por la famosa empresa Atari, creado por Nolan Bushnell y lanzado el 29 de noviembre de 1972. El "pong" es un juego basado en el deporte de mesa ping-pong. Este juego consiste en que dos jugadores hacen rebotar una pelota en una mesa empleado dos palas o raquetas. El telepong actualmente puede parecer simple, sin embargo, su gran éxito comercial estableció las bases de la industria millonaria de los videojuegos. Las primeras versiones del telepong estaban basadas en osciloscopios y una electrónica muy básica si se mira con la perspectiva de una persona del siglo XXI.

Este juego ha sido también empleado con fines científicos por parte de la empresa Neuralink de Elon Musk para probar con primates la transmisión de datos entre un celebro y una computadora mediante implantes celebrales sin necesidad de mover las extremidades.

Para realizar este juego y con el objetivo de simplificar el problema, en vez de existir dos jugadores y dos palas, sólo se va a jugar contra la máquina. Por lo que un jugador con una única pala competirá contra el ordenador. Luego, el usuario puede ampliar y complicar el código tanto como se desee.

Para ello primero se definirán los límites del área de juego dónde rebotará la pelota. Luego, se creará la pelota desplazándose cada medio segundo. Del juego, se puede salir presionando la tecla escape "ESC".

El campo, la pelota y la pala se crearán empleando el método "shapes". La pala, tendrá una velocidad de ascenso y descenso al pulsar las teclas de subir y bajar del teclado.

La pelota debe moverse en todas las direcciones, por lo que tendrá un movimiento vertical y horizontal a la vez. Esto fuerza a que la dirección y sentido del movimiento sea en diagonal. El sentido del movimiento se invierte cuando toca la pala o llega a los límites del campo.

El juego detecta que la pelota toca la pala porque se sitúa en sus límites, produciéndose el rebote.

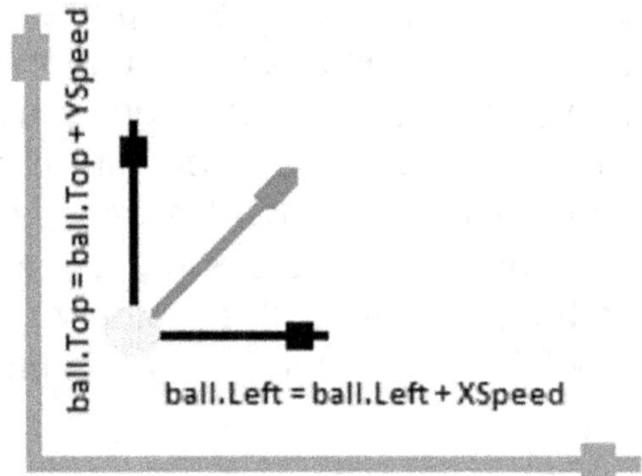

Ilustración 97. Combinación de velocidades sobre una pelota virtual

```vba
Option Explicit
Private Declare PtrSafe Function GetAsyncKeyState Lib "user32.dll" _
    (ByVal vKey As Long) As Integer


Sub bola()

    'Definimos las formas como los márgenes del campo, pelota y palas
    Dim ball As Shape
    Dim leftColumn As Shape
    Dim rightColumn As Shape
    Dim bottomColumn As Shape
    Dim topColumn As Shape
    Dim raqueta As Shape

    'Esta variable permite eliminar todas las formas anteriores
    Dim shp As Shape

    'Definimos los límites del campo
    Dim topLimit As Integer
    Dim bottomLimit As Integer
    Dim rightLimit As Integer
    Dim leftLimit As Integer
```

```vba
    'Definimos la velocidad de pelota
    Dim XSpeed As Integer
    Dim YSpeed As Integer
    Dim velRaqueta As Integer

    'Definimos la velocidad de refresco para que sea visible a los ojos
    Dim PauseTime, Start, Finish, TotalTime As Long

    'Esta variable permite controlar la subida y bajada de la raqueta
    Dim direcRaqueta As Integer

    'Definimos la velocidad de la raqueta
    velRaqueta = 10

    'Definimos los limites del campo
    topLimit = 15
    bottomLimit = 190
    leftLimit = 15
    rightLimit = 200

    'Definimos la velocidad de la pelota
    XSpeed = 5
    YSpeed = 5

        'Al comentzar el programa eliminar todas las psobles formas o shapes
        For Each shp In ActiveSheet.Shapes
            shp.Delete
        Next shp

    'Primero dibujamos el area de juego. Añadimos las columnas con el "shapes"
    ' Tenemos en cuenta que: Posición X, Posición Y, Ancho, alto
    Set leftColumn = ActiveSheet.Shapes.AddShape(msoShapeRectangle, 0, 0, 10, 210)
    leftColumn.Fill.ForeColor.RGB = RGB(192, 192, 192)

    Set rightColumn = ActiveSheet.Shapes.AddShape(msoShapeRectangle, 210, 0, 10, 210)
    rightColumn.Fill.ForeColor.RGB = RGB(192, 192, 192)

    Set topColumn = ActiveSheet.Shapes.AddShape(msoShapeRectangle, 10, 0, 200, 10)
    rightColumn.Fill.ForeColor.RGB = RGB(192, 192, 192)

    Set bottomColumn = ActiveSheet.Shapes.AddShape(msoShapeRectangle, 10, 200, 200, 10
    rightColumn.Fill.ForeColor.RGB = RGB(192, 192, 192)

    'Dibujamos la raqueta
    Set raqueta = ActiveSheet.Shapes.AddShape(msoShapeRectangle, 200, 100, 10, 50)
    rightColumn.Fill.ForeColor.RGB = RGB(192, 192, 192)

    'Dibujamos la pelota: Posición X, posición Y, Largo, Ancho
    Set ball = ActiveSheet.Shapes.AddShape(msoShapeOval, 10, 50, 20, 20)
    ball.Fill.ForeColor.RGB = RGB(255, 255, 0)
'Hacer que la pelota se desplace
Do While True

        'Mover la pelota horizontalmente y controlar rebote horizontal
        ball.Left = ball.Left + XSpeed

        If ball.Left < leftLimit Then
            XSpeed = XSpeed * -1
            ElseIf (ball.Left + ball.Width - 5) > rightLimit Or ball.Left > 175 _
            And (ball.Top - 5) >= raqueta.Top And ball.Top <= (raqueta.Top + 50) T
                XSpeed = XSpeed * -1
        End If

        'Mover la pelota verticalmente y controlar rebote vertical
        ball.Top = ball.Top + YSpeed

        If ball.Top < topLimit Then
            YSpeed = YSpeed * -1
                ElseIf (ball.Top + ball.Height - 5) > bottomLimit Then
                    YSpeed = YSpeed * -1
```

```
        End If

'Parar un cierto tiempo para que la pelota vaya a una velocidad seguible por los ojos
    PauseTime = 0.1   'Establecer duración en términos de segundo
    Start = Timer     'Establecer tiempo inicial
        Do While Timer < Start + PauseTime
            DoEvents  'Ir a otros procesos
        Loop
    Finish = Timer    'Tiempo fin

'Puntuación

If ball.Left > 175 And (ball.Top - 5) >= raqueta.Top And ball.Top <= _
    (raqueta.Top + 50) Then

        'Definimos el sistema de puntuación
        Dim i As Integer
        i = i + 1
        Range("E1").Value = i

    End If

'Con esta línea controlamos el subir y bajar de la pala
If GetAsyncKeyState(vbKeyUp) Then
        'Con esta línea la raqueta no sale del área de juego
        If raqueta.Top > 10 Then
            direcRaqueta = -1
            raqueta.Top = raqueta.Top - velRaqueta

        End If
End If

If GetAsyncKeyState(vbKeyDown) Then
'Con esta línea la raqueta no sale del área de juego
        If raqueta.Top < 150 Then
            direcRaqueta = 1
            raqueta.Top = raqueta.Top + velRaqueta
        End If
End If

    'Al presionar escape salimos del juego
    If GetAsyncKeyState(vbKeyEscape) <> 0 Then
        Exit Do
    End If

    Loop
End Sub
```

28.42. EJERCICIO NÚMERO 42

Tipo: Multimedia

Problema: Realice un programa que ejecute un archivo multimedia en VBA de Excel.

Solución: Hay distintas maneras de plantear el problema, sin embargo, la que suele dar menos errores es empleando una instancia del identificador de objeto único (UUID, por sus siglas en inglés), también conocido por GUID (*Global Unique Identifier*), el cual está asociado con el Reproductor de Windows Media de Microsoft. Este GUID está utilizando la interfaz

"IWMPPlayer4" que es proporcionada por la biblioteca de objetos "WMPlayer.OCX.7" cuyo identificador GUID es 6BF52A52-394A-11d3-B153-00C04F79FAA6.

```
Option Explicit

Sub musicPayer()
    Dim WMP As Object
    Set WMP = CreateObject("new:{6BF52A52-394A-11d3-B153-00C04F79FAA6}")
    WMP.openPlayer "C:\Users\XXXXXXXXXX\YYYYYYY\ZZZZZZZ\HH.mp4"
End Sub
```

Nota: El anterior código puede dar mucho juego y alas a la imaginación. Por ejemplo, se puede modificar el código anterior para ejecutar canciones que tenga escritas en una columna de Excel, para ello debería escribir la URL de cada una de ellas.

28.43. EJERCICIO NÚMERO 43

Tipo: Multimedia

Problema: Realizar un programa que ejecute un sonido de error de Windows.

Solución: Para escribir un código que reproduzca un sonido de error de Windows al ejecutar un programa se empleará la función "sndPlaySound" de Windows API:

```
Option Explicit

#If VBA7 Then
Private Declare PtrSafe Function sndPlaySound Lib "winmm.dll" _
Alias "sndPlaySoundA" (ByVal lpszSoundName As String, ByVal uFlags As Long) As Long
#Else
Private Declare Function sndPlaySound Lib "winmm.dll" _
Alias "sndPlaySoundA" (ByVal lpszSoundName As String, ByVal uFlags As Long) As Long
#End If

Sub soundPlayer()

    Call sndPlaySound("C:\Windows\Media\Windows Hardware Fail.wav", 1)

End Sub
```

Sin embargo, hay que tener en cuenta que el anterior código VBA pudiera arrojar un error al ejecutarse. Para ello, debe asegurarse que la ruta existe en la ubicación Windows\Media En esta dirección u otra ruta, el lector si lo desea, puede seleccionar otro sonido. Es importante señalar que VBA emplea para este código la biblioteca "winmm.dll" de Windows, por lo que ésta debe estar disponible. El código puede variar ligeramente si el sistema operativo es de 32 o 64 bits, por esta razón se emplea un "if" que identifica la versión del sistema.

La función *"sndPlaySound"* es una función de Windows API que se puede utilizar en VBA de Excel para reproducir sonidos. La sintaxis básica es la ruta del archivo de sonido y el *"flag"*. Éste puede ser: SND_ASYNC, SND_LOOP, SND_MEMORY, SND_NODEFAULT (valor 0), SND_NOSTOP, SND_SENTRY, SND_SYNC y SND_SYSTEM. Para más información y entender las posibilidades de cada uno, consultar la web de Microsoft.

28.44. EJERCICIO NÚMERO 44

Tipo: Multimedia

Problema: Realice un pequeño piano con teclas que suenen al ser pulsadas.

Solución: Para realizar un simple piano se pueden reproducir una serie de notas generadas con tonos de Windows al pulsar botones. Para reproducir dichas notas se puede emplear la función "sndPlaySound" de Windows API. Este problema se puede ampliar en complejidad tanto como se desee.

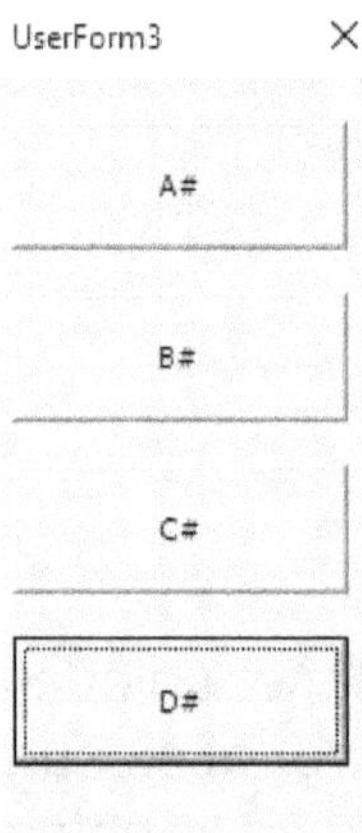

Ilustración 98. Representación simple de tres teclas de un piano

Un posible código básico sería el siguiente pudiéndose mejorar y ampliar tanto el número de notas como la visualización del teclado. Por ejemplo, se podría modificar el color las teclas para hacerlas más parecidas a un piano o incluso hacerlas sonar al pulsar botones del teclado del ordenador.

Las notas de piano se han descargado de un portal gratuitamente. En internet hay muchos portales dónde se pueden encontrar, escuchar y descargar de forma totalmente gratuita. También se puede grabar directamente de un piano o de otro instrumento.

```vba
Option Explicit

#If VBA7 Then
Private Declare PtrSafe Function sndPlaySound Lib "winmm.dll" Alias "sndPlaySoundA" _
(ByVal lpszSoundName As String, ByVal uFlags As Long) As Long
#Else
Private Declare Function sndPlaySound Lib "winmm.dll" Alias "sndPlaySoundA" _
(ByVal lpszSoundName As String, ByVal uFlags As Long) As Long
#End If


Private Sub A_Click()
  Call sndPlaySound("C:\Windows\Media\XXXXX notaA.wav", 1)
End Sub

Private Sub B_Click()
  Call sndPlaySound("C:\Windows\Media\XXXXX notaA.wav", 1)
End Sub

Private Sub C_Click()
  Call sndPlaySound("C:\Windows\Media\XXXXX notaA.wav", 1)
End Sub

Private Sub D_Click()
  Call sndPlaySound("C:\Windows\Media\XXXXX notaA.wav", 1)
End Sub
```

28.45. EJERCICIO NÚMERO 45

Tipo: Clases y objetos

Problema: Realice un programa para que, mediante un módulo de clase, se introduzca en las celdas deseadas, el nombre de una especie animal, el tipo y el sonido que emite.

Solución: Excel posee objetos que se incluyen por defecto en Excel. Todo un libro de Excel, por sí mismo, es un objeto. El cuál a su vez es contenedor de otros, como la hoja1, los cuales cuentan con sus respectivas propiedades y métodos. Las propiedades son características del objeto y los métodos son acciones que los objetos pueden realizar. De manera cuotidiana, se emplean objetos como hojas, filas, rangos, columnas, etc. y métodos como el "delete". Sin embargo, a veces puede ser interesante crear objetos propios. Esto se puede hacer mediante un módulo de clase dónde se pueden asignar propiedades y métodos total o parcialmente personalizados.

Dado el anterior repaso, para resolver este problema primero se inserta un módulo de clase:

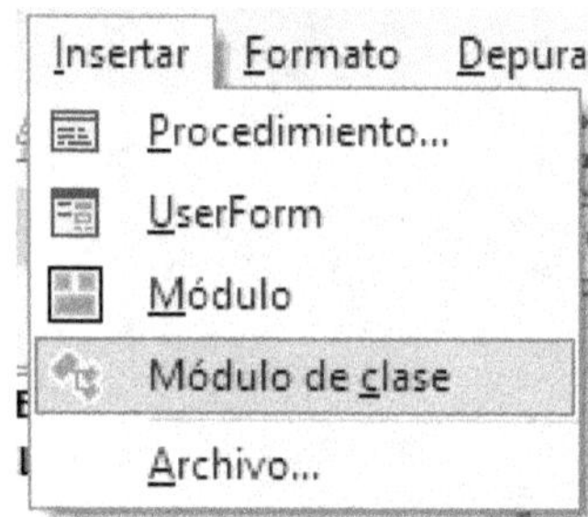

Ilustración 99. Creación de un módulo de clase

Con el nombre: clase_animal.

Ilustración 100. Explorador de Proyectos de VBA

Dentro de este módulo de clase se debe crear una rutina que permita registrar en la hoja de cálculo nombres de animales con el respectivo sonido que realizan y si es un insecto, ave, pez, mamífero o réptil. Para ello declare las siguientes variables dentro del módulo de clase:

```
Public nombre As String
Public tipo As String
Public sonido As String
```

Luego sitúese en la hoja de cálculo y escriba el siguiente encabezado:

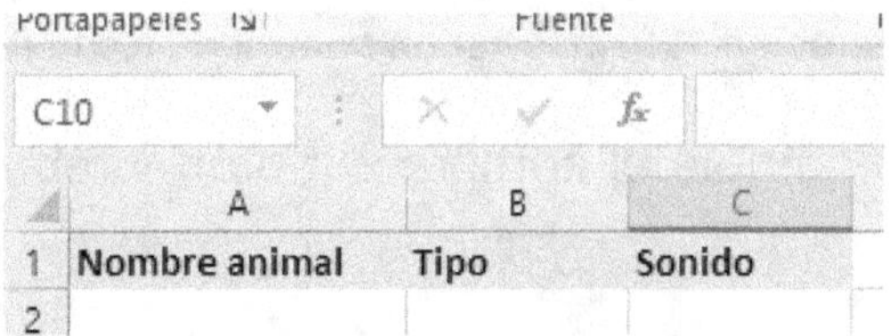

Ilustración 101. Insertar encabezados en las tres primeras columnas

También puede renombrar la hoja1 de cálculo por animales:

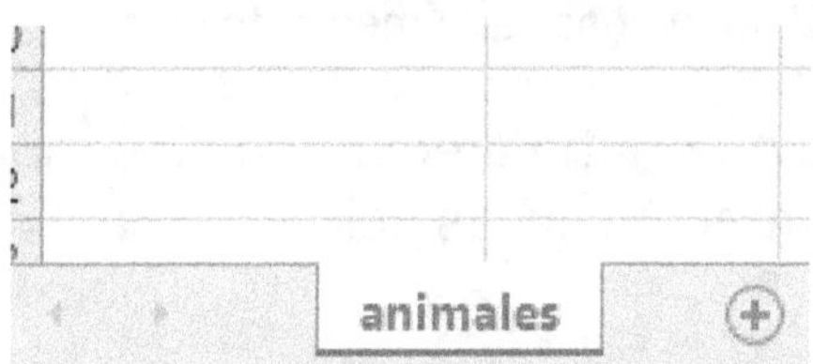

Ilustración 102. Renombrar una hoja de cálculo

Ahora realice una función que identifique cada fila vacía antes de insertar el registro. Para ello escriba el siguiente código, pero antes inserte un botón en la hoja de cálculo para que sea muy fácil ejecutar el código desde la hoja sin ir a la pestaña desarrollador.

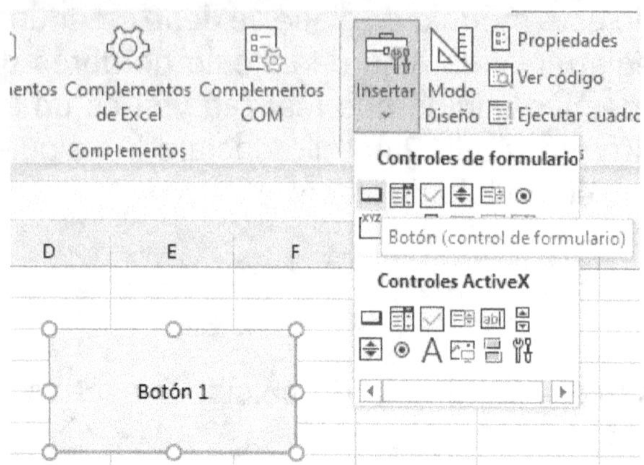

Ilustración 103. Insertar un control de formulario

Si lo desea cambie el nombre al botón y rebautícelo como "ejecutar":

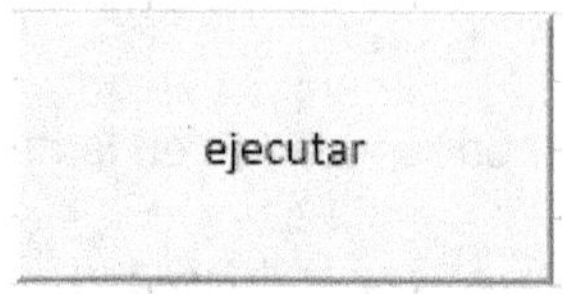

Ilustración 104. Botón insertado mediante un control de formulario

Finalmente, el programa preguntará el nombre, tipo y sonido y situará la información en las celdas vacías.

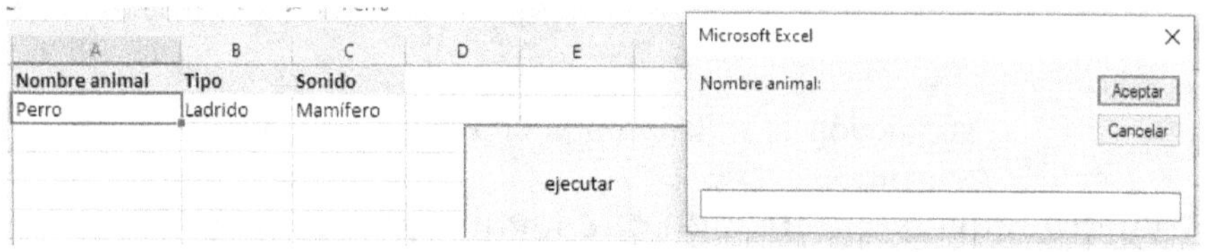

Ilustración 105. Resultado Final

El código puede ser el siguiente. En el módulo:

```
Sub registroAnimales()

Dim animal As New clase_animal
```

```
With animal
    .nombre = InputBox("Nombre animal: ")
    .sonido = InputBox("Sonido animal: ")
    .tipo = InputBox("Tipo animal: ")
    .registroNuevo 'Nos situará en una fila vacía para escribir los datos

    'Escibimos en las celdas la inormación registrada
        ActiveCell.Offset(0, 0) = .nombre
        ActiveCell.Offset(0, 1) = .sonido
        ActiveCell.Offset(0, 2) = .tipo

End With

End Sub
```

Y en el módulo de clase:

```
Public nombre As String
Public tipo As String
Public sonido As String

Public Function registroNuevo()

Range("A1").Select 'nuestro punto inicial

    Do While ActiveCell <> Empty 'sólo finaliza el loop cuando la celda no es vacía
        ActiveCell.Offset(1, 0).Select
    Loop

End Function
```

28.46. EJERCICIO NÚMERO 46

Tipo: Clases y objetos

Problema: Realice un programa que sitúe en las celdas de una hoja de cálculo, el nombre de un cliente, un importe, su precio total teniendo en cuenta el IVA y la fecha, de manera que tales datos se coloquen automáticamente. Los datos deben solicitarse mediante una ventana del tipo "InputBox".

Fecha	Cliente	Importe	IVA	Total a pagar
04/04/2023	Pollo Pepe	100	21	121
04/04/2023	Agata	200	21	242

Ilustración 106. Creación de un módulo de clase

Solución: El problema se resuelve de forma parecida al ejemplo anterior. Para ello, sitúe en la hoja deseada unos encabezados. Luego el programa irá preguntando el nombre del cliente y el importe.

En el módulo:

```vba
Sub calculoTotalPagar()

Dim cliente As New clase_importe_total

    With cliente
        .fecha = Date
        .nombre = InputBox("Nombre cliente: ")
        .importe = InputBox("Importe: ")
        .IVA = InputBox("IVA en %: ")
        .registroNuevo 'Nos situará en una fila vacia para escribir los datos

        'Escibimos en las celdas la inormación registrada
            ActiveCell.Offset(0, 0) = .fecha
            ActiveCell.Offset(0, 1) = .nombre
            ActiveCell.Offset(0, 2) = .importe
            ActiveCell.Offset(0, 3) = .IVA
            ActiveCell.Offset(0, 4) = .total

    End With

End Sub
```

Módulo de clase:

```vba
Public nombre As String
Public importe As Double
Public fecha As Date
Public IVA As Double


Public Function registroNuevo()

Range("A1").Select 'nuestro punto inicial

    Do While ActiveCell <> Empty 'sólo finaliza el loop cuando la celda no es vacia
        ActiveCell.Offset(1, 0).Select
    Loop

End Function


Public Function calcularIVA()

    calcularIVA = IVA * importe / 100

End Function

Public Function total()

    total = calcularIVA + importe

End Function
```

28.47. EJERCICIO NÚMERO 47

Tipo: Clases y objetos

Problema: Inserte un importe en un módulo de forma que el módulo de clase devuelva el importe por el IVA. Es obligatorio emplear las propiedades *"let"* y *"get"*.

Solución: Lo primero que se debe realizar es crear una clase. Esta clase se llamará calculoIVA.

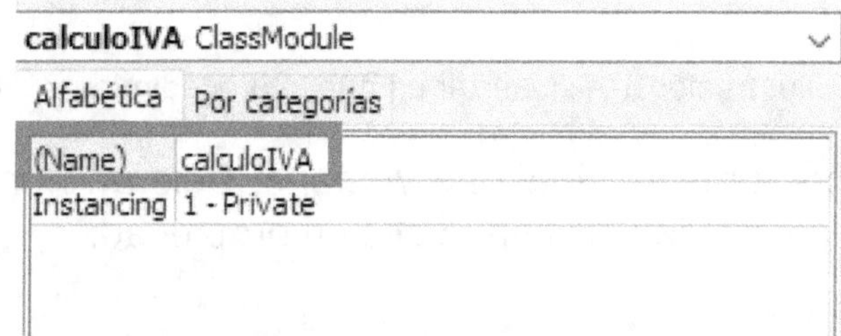

Ilustración 107. Cambio del nombre de un módulo de clase

Luego, seleccione los eventos de la clase: *"initialize"* y *"terminate"*. Un evento es toda acción de un usuario sobre la interfaz que recae sobre un programa. En este caso, cuando se inicializa la clase, se ejecuta el evento.

Posteriormente y dentro de la clase, escriba las siguientes líneas. En la parte superior del código del módulo de la clase se declaran las variables en una sección llamada de "Declaraciones" para que puedan ser utilizadas en todas las sub-rutinas (o métodos) y propiedades a lo largo del módulo de clase. La variable es privada, la cual sólo será visible para la clase.

Ilustración 108. Declaración de las variables de clase

Luego, se inserta un procedimiento de propiedades "get" y "let".

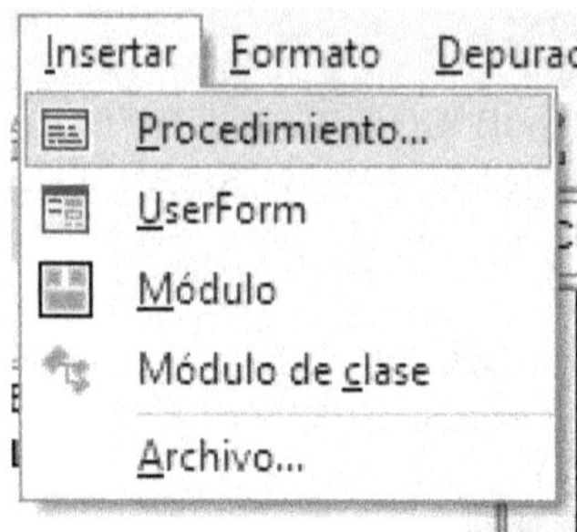

Ilustración 109. Insertar un nuevo procedimiento

Luego se abrirá la siguiente ventana. Dele un nombre, por ejemplo: "precioSinIVA" y haga clic en propiedad:

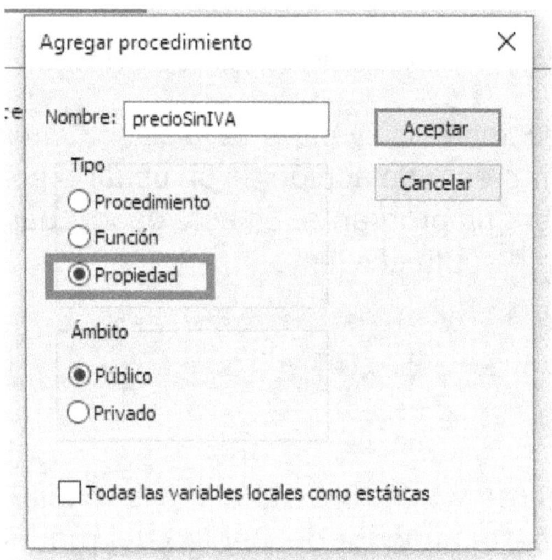

Ilustración 110. Agregar un nuevo procedimiento con sus propiedades

Esta acción proporciona de forma automática las siguientes líneas en las que se puede sustituir el "as Variant" por el "Double". Recuerde que "as variant" es un tipo para variables no explícitamente declaradas y que pueden contener cualquier tipo de dato excepto datos de cadena de longitud fija. En otras palabras, como VBA no sabe lo que se desea realizar proporciona un tipo de datos muy genérico para cambiarlo posteriormente, si el usuario así lo considera.

```
Public Property Get precioSinIVA() As Variant

End Property

Public Property Let precioSinIVA(ByVal vNewValue As Variant)

End Property
```

Las propiedades son conceptos parecidos a las variables porque de alguna manera guardan los valores de los datos. La "variableCalculo as Double" es una variable que almacena el valor de las propiedades.

Luego las anteriores líneas se modifican para adaptarlas a nuestras necesidades. Recuerde que "Get" es un procedimiento de lectura y "Set" es un procedimiento de escritura. Get y Set trabajan conjuntamente, de forma que los parámetros que se envíen deben de estar en consonancia, es decir, si se manda un double lo lógico es recibir un double. Get y Let, son propiedades con el mismo nombre y la ventana "Agregar procedimiento" ayuda a que así sea, evitando errores con el nombre de las propiedades.

Vuelva al módulo. En él inserte el siguiente código, siguiendo los siguientes pasos:

1. Declarare las variables, incluidas las variables que son del tipo de la nueva clase.

2. Mediante el "Set" asigne la instancia de un objeto a la nueva variable.

```
Option Explicit

Sub llamar_Clase()

    Dim resultado As Double

    Dim n As calculoIVA
    Set n = New calculoIVA

    n.precioSinIVA = 5000
    resultado = n.final
    MsgBox resultado

End Sub
```

La primera variable llamada "resultado" es una variable "double" que almacenará el resultado último y definitivo. Luego, "Dim n As calculoIVA" declara una variable llamada "n" de tipo "calculoIVA". Esta declaración indica que la variable "n" puede contener una referencia a un objeto de la clase calculoIVA.

La instrucción "Set" se utiliza para crear una nueva instancia de un objeto y asignarla a una variable. En este caso, "Set n = New calculoIVA" crea una nueva instancia de la clase "calculoIVA" y la asigna a la variable "n". Después de ejecutar esta instrucción, la variable "n" contiene una referencia a la nueva instancia de la clase "calculoIVA".

Finalmente, en el módulo de clase se puede emplear el siguiente código:

```
Private variableCalculo As Double

Private Sub Class_Initialize()
MsgBox "Se ha insertado una clase"
End Sub

Public Property Get precioSinIVA() As Double 'Procedimiento de lectura.
precioSinIVA = variableCalculo
End Property

Public Property Let precioSinIVA(x As Double) 'Procedimiento de escritura
variableCalculo = x
End Property

Public Property Get final() As Double 'Procedimiento de lectura.
final = precioSinIVA * 1.21
End Property
```

El módulo de clase no ha encabezado ni finalizado el código con un "class". Esto se debe a que en los módulos de clase no se requiere obligatoriamente de la palabra clave reservada Class.

Nota:

El uso de las propiedades Get y Let en VBA depende del diseño y la funcionalidad específica que se desee implementar en un programa. En general, estas propiedades son útiles cuando se necesita controlar el acceso y la modificación de las variables de una clase.

La propiedad Get se utiliza para obtener el valor de una variable de clase, mientras que la propiedad Let se utiliza para asignar un valor a una variable de clase. Estas propiedades se pueden utilizar en lugar de los métodos públicos convencionales para leer y escribir valores en una variable de clase.

La principal ventaja de utilizar estas propiedades es que permiten una mayor encapsulación de los datos de la clase, lo que significa que se controla el acceso a los datos y se evita la modificación directa de los mismos desde fuera de la clase. Además, el uso de estas propiedades puede hacer que el código sea más legible y fácil de entender.

Sin embargo, también es importante tener en cuenta que el uso excesivo de estas propiedades puede afectar el rendimiento del programa, ya que las propiedades Get y Let se traducen en llamadas de función adicionales. Por lo tanto, se recomienda utilizar estas propiedades con moderación y evaluar su uso en función de las necesidades específicas de cada programa.

28.48. EJERCICIO NÚMERO 48

Tipo: Clases y objetos

Problema: Coloree una celda activa con un color cualquiera, mediante un módulo y módulo de clase y las propiedades *let* y *get*. Defina el color en el módulo, empleando un índice con la que colorear la celda activa.

Ilustración 111. Ejemplo de relleno de una celda activa

Solución: En el módulo puede emplear el siguiente código:

```
Option Explicit

Sub pintar()

    Dim indice As pintura
    Set indice = New pintura

    indice.cogerColor = 36
    ActiveCell.Interior.ColorIndex = indice.colorFinal


End Sub
```

En el módulo de clase el código sería el que sigue:

```
Private color As Double

Public Property Get cogerColor() As Double 'Procedimiento de lectura.
cogerColor = color
End Property

Public Property Let cogerColor(x As Double) 'Procedimiento de escritura
color = x
End Property

Public Property Get colorFinal() As Double 'Procedimiento de lectura.
colorFinal = cogerColor
End Property
```

28.49. EJERCICIO NÚMERO 49

Tipo: Clases y Objetos

Problema: Realice un procedimiento mediante un módulo de clase que sirva para sumar dos valores en la celda A1.

Solución: Para solucionar este problema escriba un procedimiento en un módulo dónde se realizará una instancia de objeto. Luego en el módulo de clase, defina las propiedades y métodos. En el módulo, escriba el siguiente procedimiento:

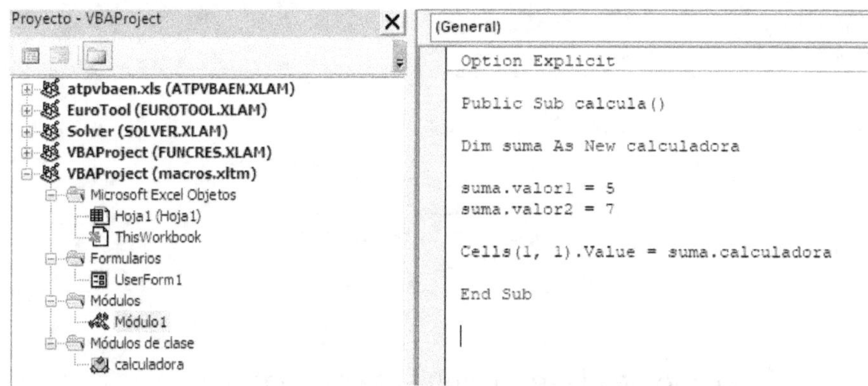

Ilustración 112. Suma de dos valores mediante un módulo de clase

Y en el módulo de clase, llamado "calculadora", escriba el siguiente código:

```
Option Explicit

Public valor1 As Double
Public valor2 As Double


Public Function calculadora() As Double

calculadora = valor1 + valor2

End Function
```

Para este problema, se ha elegido un tipo de datos como "double". Se podría haber elegido cualquier otro tipo. El resultado será 5 + 7 = 12 en la celda A1.

28.50. EJERCICIO NÚMERO 50

Tipo: Clases y Objetos

Problema: Realice un procedimiento mediante un módulo de clase que sirva para unir el nombre y apellido de un cliente.

Solución: Para solucionar este problema escriba un procedimiento en un módulo dónde se realizará una instancia de objeto. Luego en el módulo de clase, defina las propiedades y métodos. En el módulo escriba, por ejemplo, el siguiente procedimiento:

```
Option Explicit

Sub moduloClase()

Dim cliente1 As New dsCliente

cliente1.nombre = "Joan"
cliente1.apellido = "Smith"
MsgBox cliente1.resultado


End Sub
```

En el módulo de clase, el siguiente método:

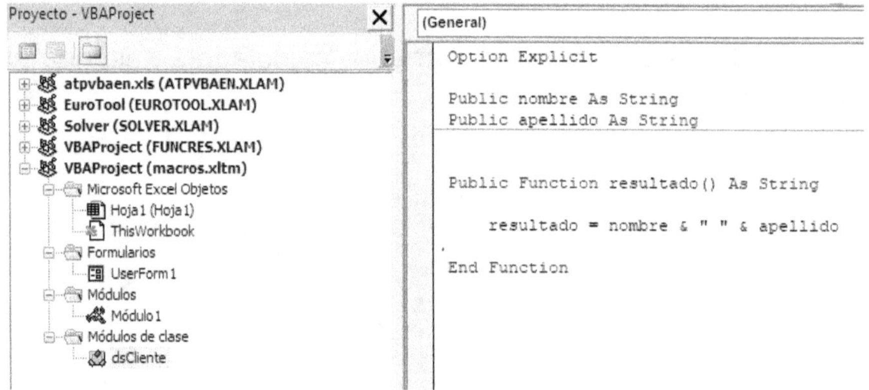

Ilustración 113. Módulo de clase para concatenar nombre y apellido

28.51. EJERCICIO NÚMERO 51

Tipo: Clases y Objetos

Problema: ¿Qué diferencias existen entre asignar una variable tipo objeto y una variable cadena o "string"? Muestre un ejemplo.

Solución: Existen diferencias importantes entre asignar una variable tipo objeto y una variable cadena o "string" y no únicamente por la forma de hacerlo sino también por las propias diferencias de concepto:

1. Tipo de datos: Al igual que en otros lenguajes, una variable tipo objeto en VBA puede almacenar cualquier tipo de objeto, como un número, una lista, un diccionario, etc. Mientras

que una variable cadena o "string", sólo puede almacenar una secuencia de caracteres.

2. Operaciones: Las variables objeto en VBA pueden realizar operaciones específicas dependiendo del tipo de objeto que almacenan, como una suma, ordenamiento, etc. En cambio, las variables cadena solo pueden realizar operaciones específicas de cadenas, como concatenación, búsqueda de subcadenas, etc.

3. Mutabilidad: Los objetos pueden ser mutables o inmutables, lo que significa que algunos tipos de objetos pueden ser modificados después de haber sido creados y otros no. En cambio, en VBA, las cadenas son inmutables, lo que significa que no se pueden modificar una vez creadas.

4. Referencias: En VBA, cuando se asigna una variable tipo objeto a otra variable, ambas variables se refieren al mismo objeto en la memoria. En cambio, cuando se asigna una variable cadena a otra variable, se crea una copia de la cadena original.

5. Declaración de variables: En VBA, es importante declarar las variables antes de usarlas. La declaración de una variable tipo objeto se realiza mediante la palabra clave "Set", mientras que la declaración de una variable cadena se realiza con la palabra clave "Dim".

```vba
Sub objeto()

Dim hoja As Worksheet 'asignamos variable de tipo objeto
Dim cadena As String 'variable cadena es del tipo string

Set hoja = Application.ActiveSheet 'la variable hoja es la hoja activa
cadena = "hola" 'asignamos texto a la variable cadena
'celda A1 es igual al nombre de la hoja activa
ActiveSheet.Cells(1, 1).Value = hoja.Name


End Sub
```

En resumen, si analiza el anterior ejemplo, "hoja" es un objeto del tipo WorkSheet con propiedades: "hoja.name". Con la cadena no se puede hacer algo parecido a cadena.name, porque arrojaría un error.

Además, si se escribe hoja + "punto", es decir: hoja. el VBA desplegará la siguiente imagen.

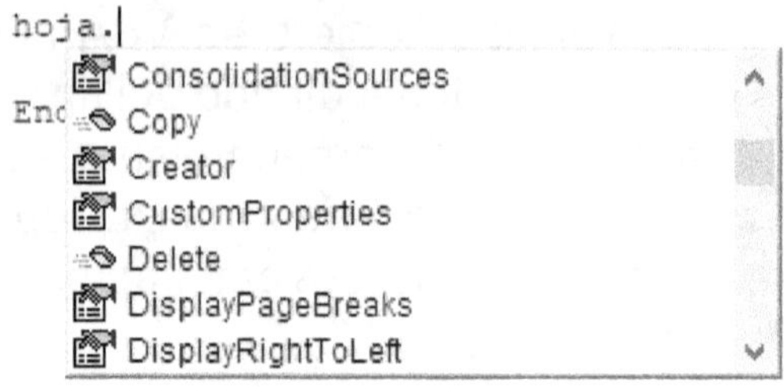

Ilustración 114. Acceso a métodos y propiedades con VBA

Es decir, este objeto tiene una serie de métodos y propiedades a los que se tiene acceso. Sin embargo, con "cadena" sólo se accede a una única propiedad, la cual almacena una cadena de texto.

28.52. EJERCICIO NÚMERO 52

Tipo: Clases y Objetos

Problema: Siguiendo la línea del ejercicio anterior, emplee un array con tres elementos llamados "Uno", "Dos", "Tres". Una vez declarados, modifique el valor "Uno", por "Cuatro".

Solución:

Este problema se puede resolver declarando e inicializando una matriz de longitud 3 con valores de cadena de texto "Uno", "Dos" y "Tres". Después, se muestran los valores de la matriz utilizando el índice de la matriz, mediante la instrucción "debug.print".

```vba
Sub mutabilidad()

    ' Declarar e inicializar la matriz
    Dim miArray(2) As String
    miArray(0) = "Uno"
    miArray(1) = "Dos"
    miArray(2) = "Tres"

    ' Mostrar los valores de la matriz
    Debug.Print miArray(0) ' Mostrará "Uno"
    Debug.Print miArray(1) ' Mostrará "Dos"
    Debug.Print miArray(2) ' Mostrará "Tres"
```

```
' Modificar el valor de la matriz
miArray(0) = "Cuatro"

' Mostrar los valores de la matriz después de modificar un valor
Debug.Print miArray(0) ' Mostrará "Cuatro"
Debug.Print miArray(1) ' Mostrará "Dos"
Debug.Print miArray(2) ' Mostrará "Tres"

End Sub
```

Observe, que se ha modificado el valor del primer elemento de la matriz "Uno" a "Cuatro" utilizando el índice de su matriz. Por último, se han mostrado los valores de la matriz nuevamente para verificar que el valor ha sido modificado.

Tenga en cuenta que, modificar el valor de un elemento en una matriz no significa que las cadenas de texto sean mutables en sí mismas. La matriz simplemente permite acceder y modificar los valores individuales de una cadena de texto.

28.53. EJERCICIO NÚMERO 53

Tipo: Clases y Objetos

Problema: Asigne una variable objeto a otra variable objeto y compare lo que sucede cuando se realiza lo mismo, pero asignando una variable double a otra variable del mismo tipo.

Solución: Este es un problema de referencias. Cuando se asigna una variable objeto a otra variable, ambas variables se refieren al mismo espacio de memoria. Sin embargo, cuando se hace lo mismo con una variable del tipo int, double, String, se genera una copia del objeto original:

```
Option Explicit

Sub comparar_variables()

    Dim objeto1 As Range
    Set objeto1 = Range("A1")

    Dim objeto2 As Range
    Set objeto2 = objeto1

    Dim numero1 As Double
    numero1 = 3.14
    Dim numero2 As Double
    numero2 = numero1
```

```
objeto2 = Range("A2")

    If objeto1 Is objeto2 Then
        MsgBox "las variables SI son iguales"
            Else
                MsgBox "las variables objeto NO son iguales"
    End If

numero2 = 2.71

    If numero1 = numero2 Then
        MsgBox "las variables double SI son iguales"
            Else
                MsgBox "las variables double NO son iguales"

    End If
End Sub
```

Como datos de entrada en Range("A1") y Range("A2"), escriba 25 y 3 tal como se observa en la siguiente imagen:

	A
1	25
2	3

Ilustración 115. Ejemplo de asignación de variables

Después de ejecutar la macro se observa que el valor de A1 cambia a de 25 a 3. Sin embargo, no sucede lo mismo con el double. Ambos mantienen el mismo valor.

A	B
3	3,14
3	2,71

Ilustración 116. Ejemplo de asignación de variables

En el primer caso el espacio de memoria es el mismo. En el segundo caso, el espacio de memoria es distinto y sus datos pueden ser actualizados independientemente.

28.54. EJERCICIO NÚMERO 54

Tipo: clases y objetos

Problema: Explique las distintas formas de crear un objeto o instancia de clase.

Solución: En esta obra se han trabajado múltiples veces el concepto de clases y objetos, un concepto difícil de comprender.

Los objetos van unívocamente ligados a las clases. Hablar de objetos creados a partir de una clase es lo mismo que hablar de instancias de clases. A su vez en las clases se definen las variables y procedimientos. En VBA las clases se definen en módulos de clase y bibliotecas de clase.

Cuando se declara una variable como *"Object"*, se hace referencia a un espacio de memoria ubicado en otro lugar, pero no al objeto en sí mismo. Para asignar propiamente un objeto se emplea la instrucción Set. A las variables de objeto se les puede dar un tipo de clase explícito o tipos generales como *"Variant"* u*" Object"*.

Empleando la palabra *new* o con la función *createObject* se genera una nueva instancia de clase.

Creación de una variable objeto para colecciones	
Dim coleccion as Collection	Declaración de variables del tipo objeto Collection
Set coleccion = New Collection	Instancia del objeto Collection. Asigna la referencia del objeto a la variable coleccion
Dim coleccion as New Collection	Declara la variable y crea la instancia del objeto.
La siguiente forma permite crear variables objetos para colecciones clave-valor	
Dim diccionario As Object	Declaración de variable del tipo Object
Set diccionario = CreateObject("Scripting. Dictionary")	Scripting.Dictionary es un objeto perteneciente a la biblioteca de objetos Scripting. Crea una instancia del objeto "Dictionary" de la biblioteca de objetos "Scripting" y se asigna a la variable "diccionario".
Creación de una variable de objeto para hojas de cálculo	
Dim miHoja as Worksheet	Declaración de variable del tipo objeto WorkSheet
Set miHoja = ActiveSheet	Establece la variable "miHoja" como una referencia a la hoja de cálculo activa en ese momento.
Dim calculo As New miClase	Declara la variable y crea la instancia del objeto.

A las declaraciones del tipo *"Dim Coll As New Collection"* se consideran instancias automáticas o auto-instancias. Sin embargo, la otra forma proporciona un mayor control a lo largo de la vida útil del objeto. Las auto-instancias pueden ser instanciadas con "Set" igual a "Nothing" pero no podrá probarse si lo son porque al referirse a la variable de objeto se crea una instancia del objeto. Luego, aunque la variable se declara no se instanciará hasta que se use por primera vez.

28.55. EJERCICIO NÚMERO 55

Tipo: Grabación de Macros

Problema: Grabe una macro dónde en una celda activa se escriba la palabra "hola" y en la adyacente se escriba la palabra "mundo".

Solución:

1. Diríjase a la pestaña la pestaña de "Desarrollador" en la cinta de opciones y haga clic en el botón "Grabar macro" en el grupo "Código" de la pestaña "Desarrollador".

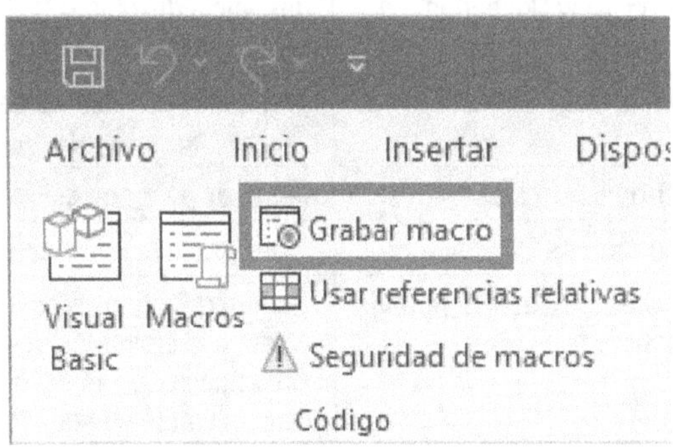

Ilustración 117. Icono "Grabar Macro"

2. En el cuadro de diálogo *"Grabar macro"* y en el campo *"Nombre de macro"* escriba un nombre cualquiera, por ejemplo: *"hola_mundo"*.

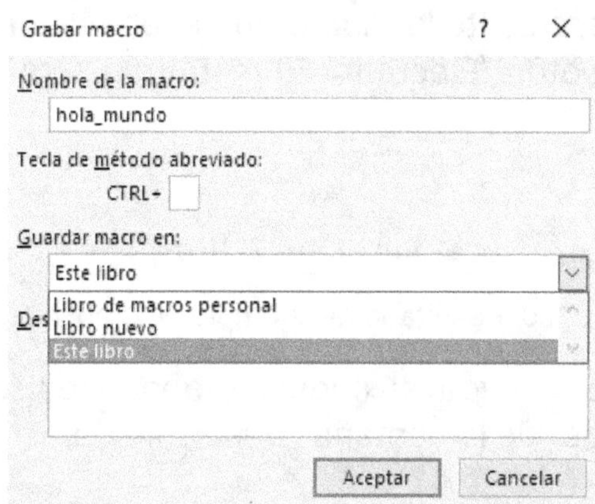

Ilustración 118. Cuadro de diálogo de "Grabar Macro"

3. En el campo "Tecla de método abreviado", si lo desea, puede asignar una combinación de teclas para ejecutar la macro rápidamente. De lo contrario, déjelo en blanco.

4. En el campo "Descripción", si lo desea, puede escribir una breve descripción de lo que hace la macro. De lo contrario, déjalo en blanco.

5. En el campo "Guardar macro en", seleccione "Este libro", si desea que la macro esté disponible sólo en este libro. Si selecciona "Libro de macros personal" estará disponible en todos los libros de trabajo.

6. Luego, haga clic en el botón "Aceptar" para iniciar la grabación de la macro.

7. Realice las siguientes acciones: "Hola" en la celda A1 y "Mundo" en la celda A2.

8. Cuando haya finalizado, haga clic en el botón "Detener grabación" en el mismo grupo "Código" de la pestaña "Desarrollador".

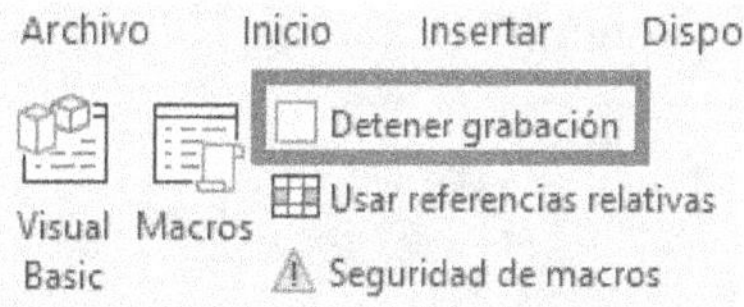

Ilustración 119. Botón para la detención de la grabación de macros

9. Si lo desea, ejecute la macro que acaba de grabar haciendo clic en el botón "Ejecutar". El resultado será por ejemplo el siguiente:

Ilustración 120. Resultado del ejemplo de grabación de macros

Finalmente, acceda al código grabado pulsando sobre el botón "Macros" de la pestaña "Desarrollador".

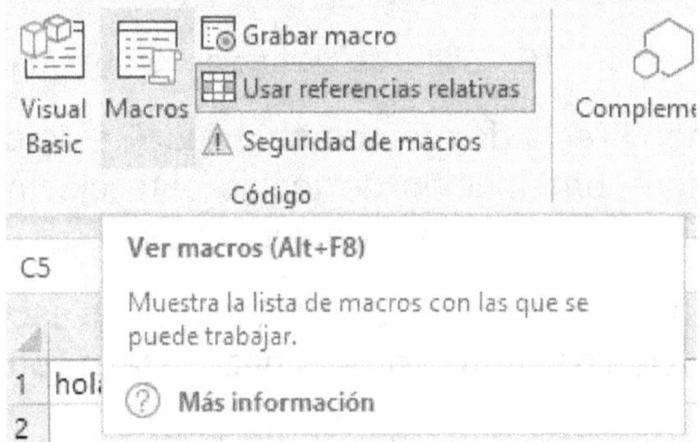

Ilustración 121. Botón Macros de la pestaña "Desarrollador"

Una vez pulsado dicho botón, aparecerá el listado de todas las macros disponibles en el libro actual de trabajo:

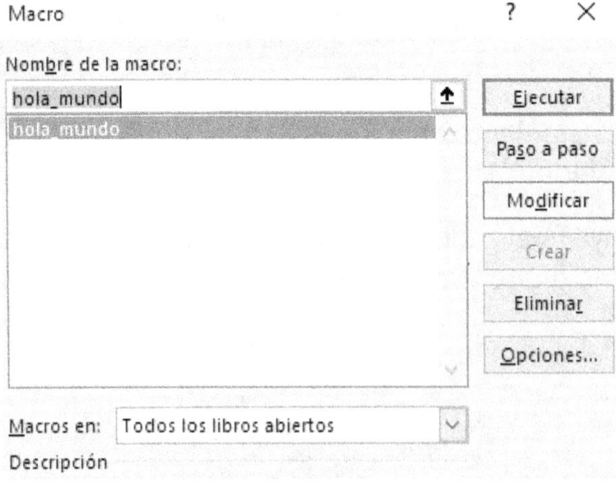

Ilustración 122. Acceso para la ejecución de una determinada macro

Si pulsa el botón "modificar", el código que automáticamente ha grabado VBA es el siguiente:

```
Sub hola_mundo()
    ActiveCell.FormulaR1C1 = "hola"
    ActiveCell.Offset(0, 1).Range("A1").Select
    ActiveCell.FormulaR1C1 = "mundo"
    ActiveCell.Offset(2, -1).Range("A1").Select
End Sub
```

Esta opción es muy interesante porque ayuda a ahorrar tiempo y reducir errores. Sin embargo, debe saber que allá dónde clique, VBA lo recogerá. Por lo que es recomendable hacer varios ensayos de los pasos a seguir para que no se grabe ninguna acción indeseada.

28.56. EJERCICIO NÚMERO 56

Tipo: Eventos

Problema: Realice una macro para guardar el contenido de la hoja siempre que ésta se cierre.

Solución: Los eventos son algo muy interesante. Recuerde que un evento es una acción o suceso que ocurre en un objeto, como una hoja, un libro, un botón o un control, que puede desencadenar la ejecución de un código. Los eventos pueden ser activados por el usuario o por el sistema, y se utilizan para realizar una acción específica en respuesta a un cambio en el estado del objeto.

Por ejemplo, el evento *"BeforeClose"* (Antes de cerrar) se activa justo antes que se cierre un libro en Excel. Este evento permite al usuario ejecutar un código VBA específico antes de que se cierre el libro.

Los eventos son muy útiles en VBA de Excel porque permiten automatizar tareas repetitivas o complejas, y mejorar la interactividad del usuario con la aplicación. Al utilizar eventos, es posible crear macros que respondan automáticamente a las acciones del usuario, lo que puede ahorrar tiempo y reducir errores en el trabajo con datos en Excel.

Hay muchísimos eventos y a lo largo de mi profesión he utilizado unos cuantos. Para verlos todos diríjase a ThisworkBook:

Ilustración 123. Acceso a los módulos de un libro

Luego, despliegue la lista de eventos:

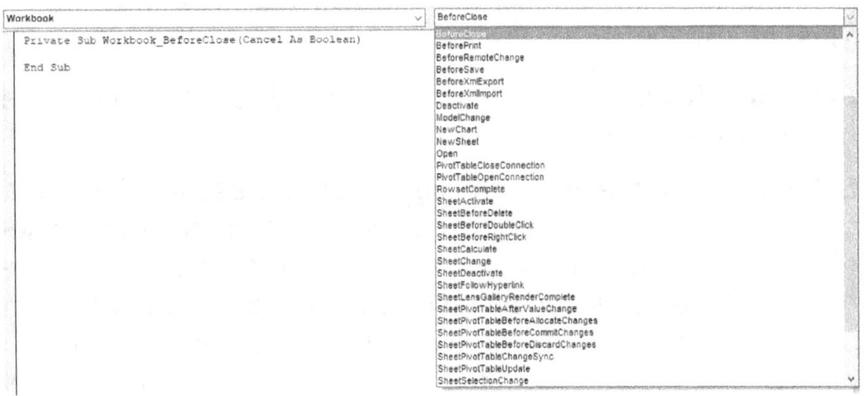

Ilustración 124. Listado de eventos

Como se observa hay una gran cantidad. En este caso seleccione "Before Close" y añada la siguiente línea:

```
Private Sub Workbook_BeforeClose(Cancel As Boolean)

ThisWorkbook.Save

End Sub
```

Comprobará que el código funciona al cerrar el libro, puesto que solicitará que se guarde.

28.57. EJERCICIO NÚMERO 57

Tipo: Eventos

Problema: Realice una macro para que sea ejecutada realizando doble-clic en una celda activa, dentro del rango "A:A". La macro debe contar el número de hojas activas, al pulsar un botón, listarlas en la columna "A" y al clicar en una de ellas, ir a la hoja correspondiente.

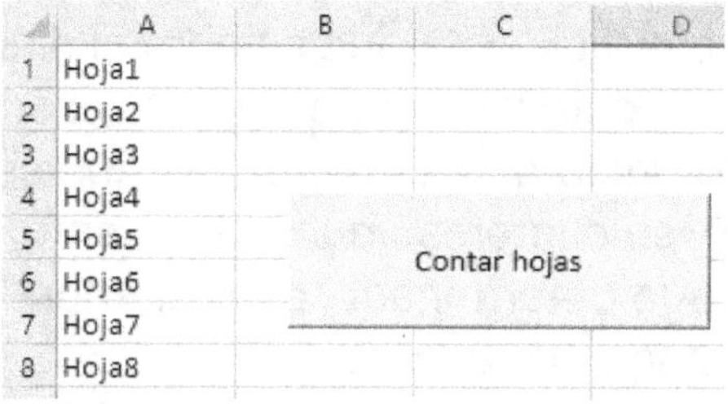

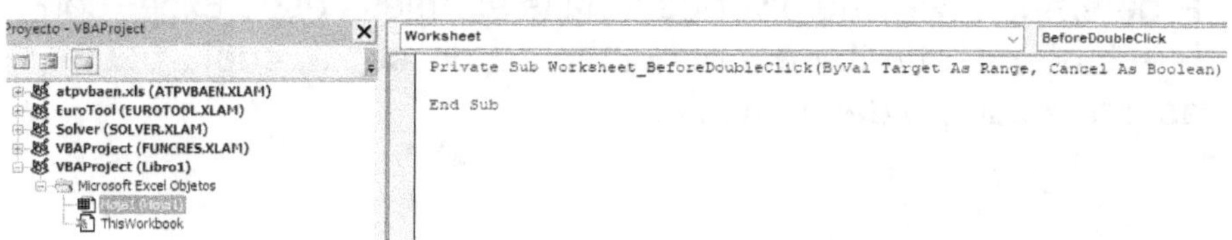

Ilustración 125. Resultado del ejercicio de contar hojas

Solución: Esta macro se desarrolla para la "hoja1" con el evento "BeforeDoubleClick".

Ilustración 126. Instrucción "BeforeDoubleClick" en la Hoja 1

Esto permitirá realizar una acción al realizar un doble clic en una celda. Pero para contar el número de hojas, se empleará un procedimiento aparte:

```vba
Option Explicit
Private Sub Worksheet_BeforeDoubleClick(ByVal Target As Range, Cancel As Boolean)

    Dim rango As String
    rango = "A:A"

        If Not Application.Intersect(Range(rango), Target) Is Nothing Then
            If Target.Value <> "" Then
                Sheets(Target.Value).Select
            End If
        End If


End Sub
```

```
Public Sub contarHojas()
    Dim i As Integer
    Dim c As Integer

    Hoja1.Range("A:A").ClearContents

    c = 1

    For i = 1 To Sheets.Count
        Hoja1.Cells(c, 1).Value = Sheets(i).Name
        c = c + 1
    Next

End Sub
```

El BeforeDoubleClick evita que se abra el diseño de la celda. En otras palabras, este evento no permite escribir dentro de la celda, porque lo único que se desea, es que se dirija a la hoja indicada. Luego, sólo interesa que este evento, esté disponible dentro de un rango determinado, pero siempre que la celda no esté vacía y se haga clic encima.

28.58. EJERCICIO NÚMERO 58

Tipo: Habilidades

Problema: Envíe uno o varios emails simples desde Excel, con remitente, destinatario, conocimiento de copia, copia oculta, asunto y cuerpo del mensaje.

	A	B
1	DE	vbaExcel@hotmail.com
2	PARA	estimadoLector@gmail.com
3	CC	
4	CO	
5	ASUNTO	prueba de concepto
6	CUERPO	probamos el envío de un email

Ilustración 127. Remitente, destinatario, CC, CO, asunto y cuerpo del mensaje

Solución: Con Excel y VBA es posible enviar correos electrónicos a través de una cuenta configurada de Outlook. Para ello se necesitan las siguientes referencias:

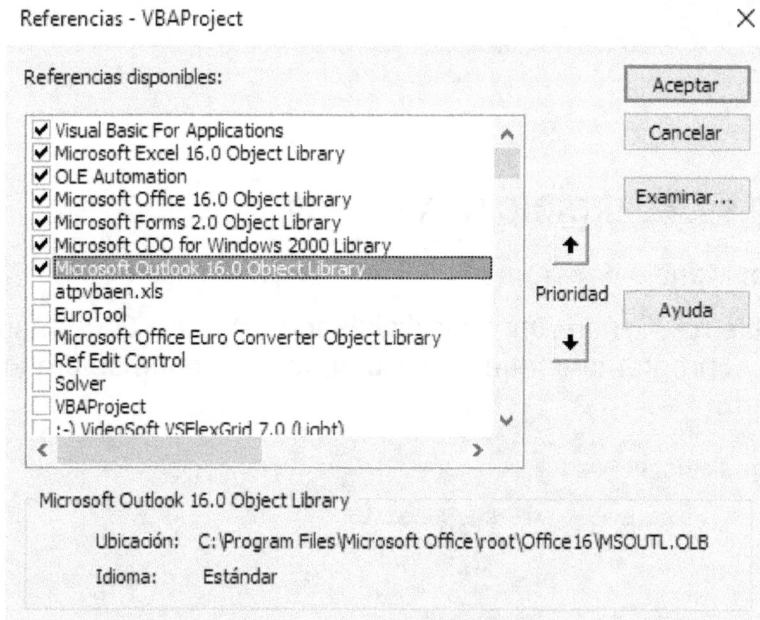

Ilustración 128. Referencias necesarias para enviar emails

Luego, inserte un nuevo módulo llamado "email" donde se empleará un procedimiento público.

```
Option Explicit

Public Sub enviarEmail()

    Dim App As Object
    Dim eMail As Object

    Set App = CreateObject("outlook.application")
    App.Session.Logon
    Set eMail = App.CreateItem(0)

    With eMail

        .SentOnBehalfOfName = Hoja1.Cells(1, 2).Value
        .To = Hoja1.Cells(2, 2).Value
        .CC = Hoja1.Cells(3, 2).Value
        .BCC = Hoja1.Cells(4, 2).Value
        .Subject = Hoja1.Cells(5, 2).Value
        .Body = Hoja1.Cells(6, 2).Value

        'envio automático
        .Send

    End With
```

```
      Set eMail = Nothing
      Set App = Nothing

   End Sub
```

28.59. EJERCICIO NÚMERO 59

Tipo: Manejo de errores

Problema: Genere un error dividiendo 10 entre 0, de manera que el programa continúe ejecutándose, aunque se produzca tal error.

```
Sub ManejoDeErrores()

      On Error GoTo ManejarError

      ' Tu código aquí

      ' Ejemplo de error
      Dim divisor As Integer
      divisor = 0
      Dim resultado As Integer
      resultado = 10 / divisor

      ' Continuar con el código si no hay errores
      MsgBox "Resultado: " & resultado

      Exit Sub

ManejarError:
      ' Manejo de error
      MsgBox "Error " & Err.Number & ": " & Err.Description

End Sub
```

En el anterior ejercicio, se ha utilizado la declaración *"On Error GoTo"* seguida de una etiqueta (en este caso, *"ManejarError"*) para indicar dónde saltar en caso de que ocurra un error. Si se produce un error durante la ejecución del código, VBA saltará automáticamente a la etiqueta especificada. Luego, en la etiqueta *"ManejarError"*, puedes agregar código para manejar el error, como mostrar un mensaje de error, deshacer cambios, cerrar archivos o realizar cualquier otra acción necesaria.

El uso de la declaración *"On Error"* debe hacerse con precaución y sólo se debe usar para manejar errores específicos y conocidos. Es importante asegurar que el código sea robusto y tenga un manejo adecuado de errores para evitar que los errores pasen desapercibidos y causen problemas en la aplicación.

28.60. EJERCICIO NÚMERO 60

Tipo: Manejo de errores

Problema: Genere un error dividiendo 10 entre 0, de manera que el programa continúe ejecutándose, aunque se produzca tal error. Emplee la instrucción: *On Error Resume Next* y *On Error GoTo 0*.

Solución: Un número cualquiera dividido entre 0, siempre producirá una indeterminación (error). Dicha operación producirá un error 11 en tiempo de ejecución. Una forma "rápida" de solucionar este error es mediante el "manejo de errores", en el que se le indica al programa que omita tal instrucción errónea.

```vba
Sub ManejoDeErroresResumeNext()

    ' Ejemplo de error
    Dim divisor As Integer
    divisor = 0
    Dim resultado As Integer

    ' Usamos On Error Resume Next para continuar la ejecución
    ' a pesar de que ocurra un error
    On Error Resume Next

    resultado = 10 / divisor

    ' Verificamos si ocurrió un error
    If Err.Number <> 0 Then
        ' Manejo de error
        MsgBox "Error " & Err.Number & ": " & Err.Description
        ' Puedes agregar código adicional para manejar el error,
        ' como deshacer cambios, cerrar archivos, etc.
        ' Luego, puedes restablecer el manejador de errores
        ' con la declaración "On Error GoTo 0"
        On Error GoTo 0
        Exit Sub
    End If

    ' Restablecemos el manejador de errores
    On Error GoTo 0

    ' Continuar con el código si no hay errores
    MsgBox "Resultado: " & resultado

End Sub
```

En este ejercicio, se ha empleado la declaración "On Error Resume Next" para indicar que el código debe continuar ejecutándose a pesar de que ocurra un error. Luego, el "if" verifica si tal error se produjo usando la propiedad "Err.Number" y, en caso afirmativo, se maneja el error mostrando un mensaje y realizando las acciones necesarias que el usuario desee. Más tarde, se restablece el manejador de errores usando la declaración "On Error GoTo 0" para que los errores posteriores se manejen nuevamente de forma normal.

La instrucción "On Error GoTo 0" en VBA en Excel se utiliza para restablecer el manejo de errores a su estado predeterminado. En otras palabras, desactiva cualquier manejo de errores previo que se haya configurado usando "On Error GoTo [etiqueta]" o "On Error Resume Next".

Es importante destacar que el uso de "On Error Resume Next" puede ocultar errores y hacer que sea difícil detectar y corregir problemas en el código. Se recomienda utilizarlo con precaución y sólo en aquellos casos donde se esté seguro que el manejo de errores de esta manera es apropiado y seguro para su aplicación. Es importante tener un manejo adecuado de errores para asegurar la confiabilidad y robustez del código.

28.61. EJERCICIO NÚMERO 61

Tipo: Manejo de errores

Problema: Utilice la instrucción "*Static*" para actualizar un contador que indique la cantidad de veces que se ejecuta una macro. Es decir, realice un contador que cuente las veces que se hace clic en el botón "*play*" que ejecuta la macro.

```
Sub contador()
    ' Declaración de variable estática
    Static contador As Integer

    ' Inicialización del contador en la primera ejecución
    If contador = 0 Then
        contador = 1
    End If
```

```
' Mostrar el valor actual del contador
MsgBox "Contador: " & contador

' Incrementar el contador
contador = contador + 1
End Sub
```

Este ejercicio solicita que se emplee la variable del tipo "Static". Para ello, se declara una variable llamada "contador" como "Static", lo que significa que mantendrá su valor entre diferentes ejecuciones de la macro. En la primera ejecución, el valor de contador se inicializa en 1. Luego, se muestra el valor actual del contador en un cuadro de mensaje (usando la función MsgBox), y se incrementa en 1 en cada ejecución subsiguiente de la macro.

Si la variable se hubiera declarado como "dim", el contador no hubiera servido de nada porque en cada ejecución el valor inicial sería 1. Realice la prueba, cambiando "Static" por "Dim".

La declaración de una variable como "Static" en VBA puede ser útil cuando se necesita mantener el valor de una variable entre diferentes ejecuciones de una macro, compartir información entre diferentes procedimientos en un mismo módulo, o evitar la re-inicialización de una variable en cada llamada a un procedimiento.

28.62. EJERCICIO NÚMERO 62

Tipo: Variables, Constantes y Tipos

Problema: Escriba un código que muestre a través de mensajes emergentes (*MsgBox*) los resultados de diferentes comparaciones con una variable llamada "vacio", declarada como una variable de tipo Variant. Las comparaciones a realizar son las siguientes:

▸ Mostrar "Verdadero" si la variable "vacio" está vacía usando la función *IsEmpty*(vacio).

▸ Mostrar "Verdadero" si la variable "vacio" es igual a Falso (False).

▸ Mostrar "Verdadero" si la variable "vacio" es igual a una cadena vacía ("").

▸ Mostrar "Verdadero" si la variable "vacio" es igual a cero (0).

Después de realizar tales comparaciones, asigne el valor *Empty* directamente a la variable "vacio".

Solución: El tipo de datos "*Variant*" se puede utilizar para almacenar cualquier tipo de datos a excepción de cadenas de longitud fija y tipos definidos por el usuario. "*Variant*" también puede almacenar los valores especiales del tipo "*Empty, Null, Missing, Nothing y Error*".

Cuando se declara la variable "variant" por defecto se establece como "*empty*". Eso equivale a un cero o una cadena de longitud cero o un falso dependiendo del contexto empleado. Para comprobar si una variable es "*empty*" se puede utilizar la instrucción "*IsEmpty*".

```
Option Explicit

Public Sub vacio()

    Dim vacio As Variant

    MsgBox IsEmpty(vacio)    'muestra verdadero

    MsgBox vacio = False     'muestra verdadero

    MsgBox vacio = ""        'muestra verdadero

    MsgBox vacio = 0         'muestra verdadero

    'Empty puede asignarse directamente a una variable variant
    vacio = Empty

End Sub
```

Nota: Una cadena de longitud fija es un tipo de dato de cadena de tamaño fijo y predefinido en la declaración de la variable. Esto significa que se establece un tamaño específico para la cadena en el momento de declararla, y esa longitud se mantiene constante durante la ejecución del programa, sin poder ser cambiada dinámicamente.

28.63. EJERCICIO NÚMERO 63

Tipo: Variables, Constantes y Tipos

Problema: Escriba una macro en VBA para Excel llamada *"variableNula"* que compruebe si una variable de tipo *Variant*, llamada *"nulo"*, es nula o no. El programa debe asignar el valor nulo a la variable *"nulo"* y luego utilizar la función *"IsNull"* para determinar si la variable es nula o no. Si la variable es nula, la macro debe mostrar un mensaje de advertencia que diga "Variable *Variant* es nula". Si la variable no es nula, la macro debe mostrar un mensaje que diga "Variable Variant es NO nula".

Solución: Llegados a este punto se puede preguntar la diferencia entre una variable *"empty"* y *"nula"*. Pues la diferencia principal entre una variable *Empty* y una variable *Null* en VBA es que una variable *Empty* no tiene ningún valor válido asignado y su valor es indeterminado, mientras que una variable *Null* tiene explícitamente el valor *Null*, que indica la ausencia de cualquier valor o datos en la variable.

```vba
Option Explicit


Public Sub variableNula()

    Dim nulo As Variant
    nulo = Null

    If IsNull(nulo) Then
        MsgBox "Variable Variant es nula"
            Else
```

Si ranaliza el anterior ejercicio, la variable "vacio" fue declarada, pero no se le asigno nada. Es importante tener en cuenta que una variable Empty no es lo mismo que una cadena vacía ("") o un valor numérico cero (0).

Por otro lado, una variable Null es una variable que ha sido asignada específicamente con el valor Null, tal como ha hecho en este ejercicio. Luego, "Null" indica la ausencia de cualquier valor o datos en la variable. Una variable Null es de tipo especial y se utiliza principalmente en el contexto de bases de datos para indicar la falta de un valor en un campo de registro.

28.64. EJERCICIO NÚMERO 64

Tipo: Variables, Constantes y Tipos

Problema: Escriba en VBA de Excel un procedimiento llamado "*texto*" con un parámetro opcional llamado "*parametros*". Esta macro debe mostrar un mensaje en un cuadro de diálogo dependiendo si se proporciona un valor para el parámetro "*parametros*" o no. El objetivo es verificar si se manejan correctamente los casos en los que se proporciona o no se proporciona un valor para el parámetro opcional. Para ello emplee la función "*isMissing*".

Solución: La función IsMissing se emplea para determinar si se ha pasado un argumento a un parámetro opcional de tipo Variant.

```vba
Option Explicit

Public Sub missing()

    texto 'prueba sin argumentos

    'texto ("mi argumento") 'Prueba con parámetros

End Sub

Public Sub texto(Optional parametros As Variant)

    If IsMissing(parametros) Then
        MsgBox "Sin parámetros"
            Else
                MsgBox "Hay parámetros"
    End If

End Sub
```

28.65. EJERCICIO NÚMERO 65

Tipo: Variables, Constantes y Tipos

Problema: Determine el tipo de variable en tiempo de ejecución. Para ello, primero declare una variable y luego mediante el empleo de las funciones *typeName* y *VarType*, determine el tipo de variable.

Solución: *TypeName* es una función que devuelve una cadena de texto que representa el tipo de datos de una variable en tiempo de ejecución, algo que puede ser útil en situaciones en las que no se conoce de antemano el tipo de datos de una variable o en las que se desea realizar una comprobación de tipo en tiempo de ejecución.

Luego, *VarType* es una función que devuelve un valor numérico que representa el tipo de datos de una variable o expresión. El número 2 es igual a *vbInteger*. Todos los valores, se pueden encontrar en la web de Microsoft para VBA. Por ejemplo, *vbEmpty* = 0, *vbNull* = 1, …, etc.

```
Option Explicit

Public Sub tipoEnTiempoEjecucion()

    Dim c As Integer

    MsgBox TypeName(c)

    If VarType(c) = vbInteger Then 'vbInteger = 2
        MsgBox "c es un Integer"
            Else
                MsgBox "c no es un Integer"
    End If

End Sub
```

28.66. EJERCICIO NÚMERO 66

Tipo: Variables, Constantes y Tipos

Problema: Convierta una variable del tipo double en una cifra de valor monetario situada en una celda de una hoja de trabajo, luego convierta esta variable en otra de tipo entero sin decimales.

Solución: Hay muchos tipos de conversión de datos. Es decir, existe un conjunto de funciones que convierten un dato en otro tipo de dato. Por ejemplo, *CBool*, *CByte*, *CInt*, etc. En otras ocasiones se han empleado para solucionar alguno de los ejemplos planteados. Por ejemplo, no es posible sumar días a una fecha editada como cadena (String). En otros casos, interesa representar en la celda un valor numérico con formato monetario.

```vba
Option Explicit

Public Sub conversiones()

    Dim i As Double 'Valor
    Dim entero As Long
    Dim M As Currency 'variable monetaria

    i = 1113.259
    M = CCur(i)

    Hoja1.Range("A1").Value = M

    entero = CInt(i)

    Hoja1.Range("A2").Value = entero

End Sub
```

Para finalizar, indicar que puede convertir un valor decimal a un número entero utilizando la función *CInt*. Esta función coge un valor numérico y lo convierte en un número entero (integer) truncando los decimales. Es importante tener en cuenta que al utilizar la función *CInt*, los decimales son truncados y no se redondean. Por lo tanto, si necesita redondear un número decimal antes de convertirlo en un número entero, puede emplear otras funciones de redondeo como *Round*.

28.67. EJERCICIO NÚMERO 67

Tipo: Variables, Constantes y Tipos

Problema: Calcule el volumen de un cilindro, empleando las siguientes constantes, Radio = 5 unidades, altura = 10 unidades. Luego, intente cambiar la altura.

Solución: Para realizar este ejercicio recuerde que el volumen de un cilindro recto es área de la base x la altura (h), es decir, $V = \pi \cdot R^2 \cdot h$. Recuerde que PI es aproximadamente 3,14159...

```
Sub constantes()

Const pi As Double = 3.14159
Const radio As Double = 5
Const altura As Double = 10

'Calcular el volumen de un cilindro usando las constantes
Dim volumen As Double
volumen = pi * (radio ^ 2) * altura

'mostrar el resultado
MsgBox "El volumen del cilindro es: " & volumen

'Esto dará un error porque no se puede cambiar el valor de una constante
altura = 20

volumen = pi * (radio ^ 2) * altura

'mostrar el resultado
MsgBox "El nuevo volumen del cilindro es: " & volumen

End Sub
```

La principal diferencia entre una variable declarada como constante y otra declarada como *"dim"* en VBA es que las constantes tienen un valor fijo que no se puede variar una vez se le asigna un valor. Sin embargo, las variables del tipo *"dim"* pueden modificar su valor durante la ejecución del código. Por esta razón es posible hacer autoincrementales del tipo i = i + 1 o c = c *5. Si "i", "c" u otra variable fuera declarada como constante sería imposible realizar un autoincremental.

Finalmente, si intenta declarar la variable altura como dim, podrá observar que es factible cambiar la altura del cilindro las veces que se desee.

La mayoría de los lenguajes modernos de programación orientados a objetos comparten este tipo de constantes.

28.68. EJERCICIO NÚMERO 68

Tipo: Variables, Constantes y Tipos

Problema: Cree una función definida por el usuario de manera que se realice el producto de todos los valores existentes en una selección de celdas. Utilice la función *isError* y *CVerror* en caso de que la selección sólo tenga un número o se realice el producto de valores numéricos por no numéricos.

Solución: Las variables del tipo *variant* se pueden asignar a un error empleando la función *CVErr*. Esto permite a las funciones devolver un error, siendo muy útil para devolver errores procedentes de funciones definidas por el usuario en las hojas de Excel. La función *IsError* puede emplearse para comprobar si la variable está almacenando algún error.

Se puede emplear el siguiente código insertándolo en un módulo.

```vb
Option Explicit

Public Function productoValores(numeros As Variant) As Variant

    Dim numero As Variant
    numero = 1
    productoValores = 1


    If Not IsArray(numeros) Then
        productoValores = CVErr(2015) '#VALUE!
        Exit Function
    End If


    For Each numero In numeros
        productoValores = productoValores * numero
    Next numero

End Function
```

El error *CVError(2015)* es un tipo de error relacionado con funciones definidas por el usuario. Este error se produce cuando una función definida por el usuario devuelve en una determinada celda el error #VALUE! o #VALOR! en lugar del valor numérico esperado o de otro tipo. Esto sucede cuando los cálculos son incorrectos, por ejemplo 12 x "a", o 25 entre cero.

28.69. EJERCICIO NÚMERO 69

Tipo: Variables, Constantes y Tipos

Problema: Realice un procedimiento que envíe a otro procedimiento, un objeto válido y otro objeto del tipo "nothing". El procedimiento que lo recepcione deberá comprobar si es un objeto válido y si es del tipo "nothing". Emplee el *"isObjetct"* y *"Is Nothing"*.

Solución: En VBA no se puede asignar directamente un *"null"* a un objeto. Sin embargo, puede obtener un resultado similar empleando la palabra clave, *"nothing"* que permite representar la ausencia de un objeto. Es importante tener presente que después de asignar *"nothing"* a un objeto, ya no se puede acceder a ninguna propiedad o método del objeto hasta que se le asigne una nueva referencia a un objeto válido. Este problema es interesante en cuanto al desarrollo profesional porque al intentar acceder a un objeto nulo, se puede generar errores en tiempo de ejecución. Por lo que es una buena práctica, verificar si un objeto es o no del tipo *"nothing"* antes de intentar acceder a sus métodos y propiedades.

Pruebe el siguiente código en su editor. Descomente algunas de líneas de código y compruebe lo que sucede.

```vba
Option Explicit

Sub enviarArgumento()

'Dim objeto As Object 'Empezamos declarando un objeto
'Set objeto = Hojal.Range("A:A") 'Le asignamos al rango A:A
'Set objeto = Nothing 'Luego probamos en asignarle un nothing

Dim objeto As String 'Probamos de declarar objeto como cadena a ver qué sucede
objeto = "hola" 'Asignamos objeto a una cadena de texto

recibirParametro objeto 'Enviamos el argumento objeto

End Sub

Public Sub recibirParametro(parametro As Variant)

    If IsObject(parametro) Then
        MsgBox "El parametro es un objeto"

            If parametro Is Nothing Then
                MsgBox "El parametro es un objeto vacío"
            End If

        Else
            MsgBox "El parametro NO es un objeto"
    End If

End Sub
```

28.70. EJERCICIO NÚMERO 70

Tipo: Variables, Constantes y Tipos

Problema: Cree dos procedimientos, el principal sin parámetros y el otro con parámetros. El procedimiento principal debe enviar arreglos del tipo "variant" declarados como simple, dinámico y fijo. Finalmente, el procedimiento con parámetros deberá recibir el arreglo, comprobar que lo es mediante la función "isArray" y luego mostrar en una ventana emergente cada uno de los parámetros recibidos.

Solución: Los arreglos (arrays) se pueden declarar con un tipo de dato específico como integer, double, etc. Luego, los procedimientos con parámetros se pueden declarar como variant u otro tipo de variable. Pero aquí el arreglo se declarará como Variant y por lo tanto los argumentos serán del mismo tipo. El motivo es que el enunciado del problema solicita que se emplee la función isArray. Esta función permite comprobar si un objeto Variant está almacenando una matriz.

En este problema aparecen cuatro tipos de variables. Una declaración simple, del tipo *"dim arreglo as Variant"*. La otra variable es una declaración de una variable en forma de arreglo dinámico. Para ello, se emplean los paréntesis vacíos, es decir, *"dim arreglo() as Variant"*. Finalmente se emplea un arreglo de longitud fija declarado con un paréntesis no vacío del tipo *"dim arreglo(3) as Variant"*. El tres significa que el arreglo tendrá 4 elementos, ¿por qué? Pues se debe a que VBA empieza a contar a partir del 0. Es decir, 0, 1, 2, 3. Finalmente una cadena de texto, declarada como tal, permitirá generar un error expresamente.

```vba
Option Explicit
Public Sub arreglosConVariant()
    'Generamos un arreglo del tipo Variant.
    'Esta declaración es una variable simple que puede contener cualquier dato.
    Dim arreglo As Variant
    arreglo = Array(1, 2, 3)
    imprimeArreglo arreglo
    'Generamos un arreglo del tipo Variant.
    'Este es un arreglo dinámico de dimensiones no fijas.
    Dim variantArreglo() As Variant
    variantArreglo = Array(4, 5, 6)
    imprimeArreglo variantArreglo
    'An array of type String.
```

```
'Este es un arreglo estático de dimensiones fijas.
Dim cadenaArreglo(2) As String
cadenaArreglo(0) = "A"
cadenaArreglo(1) = "B"
cadenaArreglo(2) = "C"
imprimeArreglo cadenaArreglo
'Una variable para generar un error.
'Este es una variable String creada expresamente para generar un error.
Dim generoError As String
generoError = "ERROR"
imprimeArreglo generoError

End Sub

Public Sub imprimeArreglo(arreglo As Variant)

    Dim c As Long
    'El if not es un operador lógico que niega el resultado IsArray(arr).
    If Not IsArray(arreglo) Then
    'Luego si Arr no es un arreglo será verdadero.
    'Si Arr no es un arreglo será falso.

    'Esta instrucción genera un error intencionadamente en tiempo
    'de ejecución con el código de error 5.
        Err.Raise 5
    'El 5 es el argumento que permite generar el error en tiempo de ejecución.
    End If

    For c = LBound(arreglo) To UBound(arreglo)
        MsgBox arreglo(c)
    Next c

End Sub
```

28.71. EJERCICIO NÚMERO 71

Tipo: Variables, Constantes y Tipos

Problema: Defina un nuevo tipo de datos llamado empleado, el cuál tenga tres propiedades: Nombre, Edad y Salario. Ingrese un nombre para las tres y muéstrelas en un msgBox.

Solución: Los tipos definidos por el usuario (en inglés UDT) permiten generar un objeto personalizado sin la necesidad de crear un módulo de clase. La diferencia entre ambos es que el módulo de clase permite crear propiedades y métodos personalizados, mientras que la UDT sólo permite propiedades personalizadas. Sin embargo, a veces eso es todo lo que necesita. La UDT se declara con una instrucción *"Type"* y *"End Type"* y ésta puede ser del tipo Público o Privado.

```
Option Explicit

'primero definimos el tipo de datos, siempre fuera de cualquier procedimiento
```

```
Type Empleado
    Nombre As String
    Edad As String
    Salario As Double
End Type

Sub ejemploUDT()

    Dim miEmpleado As Empleado

    miEmpleado.Nombre = "Juan"
    miEmpleado.Edad = 30
    miEmpleado.Salario = 1510.25

    MsgBox "El nombre del empleado es: " & miEmpleado.Nombre
    MsgBox "La edad del empleado es: " & miEmpleado.Edad
    MsgBox "El salario del empleado es: " & miEmpleado.Salario


End Sub
```

28.72. EJERCICIO NÚMERO 72

Tipo: Variables, Constantes y Tipos

Problema: Defina un nuevo tipo de datos especial para los números imaginarios. Luego, suma y multiplica dos números imaginarios entre ellos.

Solución: Un número imaginario es un artificio matemático que se representa como una combinación de un número real "a" y una unidad imaginaria "b", en la forma "a + b*i*". Los números imaginarios aparecieron por primera vez por la necesidad de resolver ecuaciones de segundo grado dónde aparecían raíces cuadradas de números negativos. Los números imaginarios se emplean en diversas áreas de las matemáticas y de la física, como la teoría de circuitos eléctricos, la mecánica cuántica, la teoría de funciones compleja y una gran variedad de campos. A la extensión de los números complejos se conoce por cuaterniones. Este concepto se aplica por ejemplo al control de los drones, aviones, cohetes, barcos, y objetos que empleen giróscopos y acelerómetros.

```
Option Explicit

Type numeroImaginario
    parteReal As Double
    parteImaginaria As Double
End Type
```

```vba
Sub numerosImagniarios()
    Dim z1 As numeroImaginario
    Dim z2 As numeroImaginario
    Dim suma As numeroImaginario
    Dim producto As numeroImaginario

    z1.parteReal = 1
    z1.parteImaginaria = 2

    z2.parteReal = 3
    z2.parteImaginaria = 4

    'producto: z1= a + bi y z2 = c + di = (ac - bd) + (ad + bc)i -->
    '(1 + 2i)*(3 + 4i) = 1*3 + 1*4i + 2*3i - 2*4 = -5 + 10i
    producto.parteReal = z1.parteReal * z2.parteReal - z1.parteImaginaria * z2.parteImaginaria
    producto.parteImaginaria = z1.parteReal * z2.parteImaginaria + z1.parteImaginaria * z2.parteReal

    'suma: z1= a + bi y z2 = c + di = (a + c) + (b + d)i
    suma.parteReal = z1.parteReal + z2.parteReal
    suma.parteImaginaria = z1.parteImaginaria + z2.parteImaginaria

    MsgBox "z1 = " & z1.parteReal & " + " & z1.parteImaginaria & "i" & vbCrLf & _
        "z2 = " & z2.parteReal & " + " & z2.parteImaginaria & "i" & vbCrLf & _
        "z1 + z2 = " & suma.parteReal & " + " & suma.parteImaginaria & "i" & vbCrLf & _
        "z1 * z2 = " & producto.parteReal & " + " & producto.parteImaginaria & "i"
End Sub
```

Microsoft Excel   X

z1 = 1 + 2i
z2 = 3 + 4i
z1 + z2 = 4 + 6i
z1 * z2 = -5 + 10i

Aceptar

Ilustración 129. Cuadro de diálogo mostrando el resultado

28.73. EJERCICIO NÚMERO 73

Tipo: Variables, Constantes y Tipos

Problema: Emplee un *"enum"* para seleccionar una entre cuatro opciones y que muestre dicha opción en un cuadro de diálogo del tipo "MsgBox".

Solución: Una enumeración es una lista predefinida de opciones o valores posibles que pueden tener una representación textual o numérica. Permite mejorar la legibilidad del código, facilita el mantenimiento del código y genera una "autodocumentación" del código.

```vba
Option Explicit

Enum opciones
    opcion1 = 1
    opcion2 = 2
    opcion3 = 3
    opcion4 = 4
End Enum

Sub problemaEnum()

    Dim eleccion As opciones

    MsgBox ("seleccione una opción:" & vbCrLf & _
    "1. Opción 1" & vbCrLf & _
    "2. Opción 2" & vbCrLf & _
    "3. Opción 3" & vbCrLf & _
    "4. Opción 4")

    eleccion = InputBox("Introduzca la opción:")

    Select Case eleccion
        Case opcion1
            MsgBox "Has seleccionado la primera opción"
        Case opcion2
            MsgBox "Has seleccionado la segunda opción"
        Case opcion3
            MsgBox "Has seleccionado la tercera opción"
        Case opcion4
            MsgBox "Has seleccionado la cuarta opción"
    End Select

End Sub
```

En este ejercicio, se define una enumeración denominada "opciones" que contiene tres elementos: opción1, opción2, Opción3 y Opción4, cada uno con un valor numérico asociado. Luego, se emplea la función InputBox para introducir una de las cuatro opciones que queda registrada en "elección". A continuación, se emplea una estructura *Select Case* para evaluar la elección de usuario y mostrar un mensaje correspondiente con la opción seleccionada.

28.74. EJERCICIO NÚMERO 74

Tipo: Colecciones y Arrays

Problema: Cree una colección que añada cuatro ítems cualesquiera, que los cuente, que elimine el segundo, que extraiga un ítem cualquiera de la colección y que finalmente limpie dicha colección.

Solución: El objeto *Collection* almacena una colección de elementos en una secuencia ordenada. Las colecciones pueden almacenar cualquier tipo de datos y objetos, excepto los tipos definidos por el usuario. Las colecciones comienzan en el índice 1 a diferencia de las matrices que comienzan en el índice 0 de forma predeterminada. El objeto *Collection* está diseñado para ser simple y fácil de usar con un conjunto reducido de métodos que permiten agregar, quitar, recuperar y contar elementos. Por lo tanto, las colecciones tienen cuatro métodos simples: Agregar (*Add*), Quitar (*remove*), Contar (*count*) y Elemento (*item*). Éste último es el método predeterminado de la clase *Collection* que permite recuperar un elemento con un determinado índice, siendo innecesario escribirlo explícitamente. Para borrar una colección, simplemente establezca la colección en una nueva colección.

Finalmente, los elementos de una colección no se pueden reasignar una vez definidos. Los objetos de una colección se pueden mutar, pero la variable de referencia de objeto no se puede reasignar.

```vba
Option Explicit
Public Sub colecciones()

    'Creamos la colección
    Dim coleccion As Collection
    Set coleccion = New Collection

    'Añadimos los elementos de la colección con el with
    With coleccion
        .Add "primer"
        .Add "segundo"
        .Add "tercero"
        .Add "cuarto"
    End With

    'Contamos los elementos
    MsgBox "el número de elementos es: " & coleccion.Count

    'Eliminamos un elemento cualquiera
    coleccion.Remove 2

    'Leemos los datos de un elemento de la colección
    MsgBox "Dame el número dos de la colección: " & coleccion(2)
    MsgBox "Dame el número dos de la colección: " & coleccion.Item(2)

    'No podemos reasignar un elemento de la colección
    'coleccion(4) = "Nuevo dato"   'Genera un error

    'Limpiamos la colección entera
    Set coleccion = New Collection
```

```vba
'MsgBox "Dame el número dos de la colección: " & coleccion(2)
'Dara un error porque no hay nada
coleccion.Add "hola"
MsgBox "El nuevo elemento de la colección es: " & coleccion(1)

End Sub
```

28.75. EJERCICIO NÚMERO 75

Tipo: Colecciones y Arrays

Problema: Repita el mismo problema que el anterior, pero empleando la relación clave-valor.

Solución: A los elementos de una colección se les puede dotar de una clave y un valor permitiendo acceder a ellos a través de su índice o por su clave. Una clave debe ser un dato único.

```vba
Option Explicit
Public Sub colecciones()

    'Creamos la colección
    Dim coleccion As Collection
    Set coleccion = New Collection

    'Añadimos los elementos de la colección con el with
    With coleccion
        .Add 1, "Llave_1"
        .Add 2, "Llave_2"
        .Add 3, "Llave_3"
        .Add 4, "Llave_4"
    End With

    'Contamos los elementos
    MsgBox "el número de elementos es: " & coleccion.Count

    'Eliminamos un elemento cualquiera
    coleccion.Remove 2

    'Leemos los datos de un elemento de la colección
    MsgBox "Dame el número dos de la colección: " & coleccion(2)
    MsgBox "Dame el número dos de la colección: " & coleccion.Item(2)
    MsgBox "Dame el número dos de la colección: " & coleccion("Llave_3")

    'No podemos reasignar un elemento de la colección
    'coleccion(4) = "Nuevo dato"  'Genera un error

    'Limpiamos la colección entera
    Set coleccion = New Collection

    'MsgBox "Dame el número dos de la colección: " & coleccion(2) 'Dara un error porque no hay nada

    coleccion.Add "A", "hola"
    MsgBox "El nuevo elemento de la colección es: " & coleccion(1)
    MsgBox "El nuevo elemento de la colección es: " & coleccion("hola") 'Da el mismo valor que el anterior

End Sub
```

28.76. EJERCICIO NÚMERO 76

Tipo: Colecciones y Arrays

Problema: Emplee un bucle *"for"* para recorrer todos los elementos de una colección, y cuando exista una coincidencia, mostrar un mensaje en una ventana emergente.

Solución: Para iterar sobre una colección de una manera eficiente, es muy útil emplear el bucle *"for each"* aunque es posible emplear otros tipos de bucles.

```vba
Option Explicit

Public Sub colecciones()

        Dim c As Variant
        Dim colecciones As Collection
        Set colecciones = New Collection

        colecciones.Add 1
        colecciones.Add 2
        colecciones.Add 3
        colecciones.Add 4

        For Each c In colecciones

            If c = 1 Then
                MsgBox "¡Hola Mundo!"
            End If
        Next c

End Sub
```

28.77. EJERCICIO NÚMERO 77

Tipo: Colecciones y Arrays

Problema: Genere una colección irregular que contenga a su vez otras cuatro colecciones que incluyan un número diferente de elementos. Además, imprima el cuarto elemento de la segunda colección.

Solución: En VBA de Excel una colección irregular o (*Jagged Collection*) se refiere a una colección de colecciones que puede contener un número de elementos variable. Este concepto es más sencillo de entender de lo que parece:

```vba
Option Explicit

Sub coleccionIrregular()

Dim especieMamifero As New Collection
Dim especieReptil As New Collection
Dim especieAve As New Collection
Dim especieAnimal As New Collection
Dim coleccionIrregular As New Collection
```

```
especieMamifero.Add "Perro" 'Primera Colección
especieReptil.Add "Camaleon" 'Segunda Colección
especieAve.Add "Flamenco" 'Tercera Colección

especieAnimal.Add "Perro" 'Cuarta Colección, primer elemento
especieAnimal.Add "Camaleon" 'Cuarta Colección, segundo elemento
especieAnimal.Add "Flamenco" 'Cuarta Colección, tercer elemento

coleccionIrregular.Add especieMamifero 'Quinta colección colección primera
coleccionIrregular.Add especieReptil 'Quinta colección colección segunda
coleccionIrregular.Add especieAve 'Quinta colección colección tercera
coleccionIrregular.Add especieAnimal 'Quinta colección colección cuarta


MsgBox coleccionIrregular(4)(2) 'Imprimirá el elemento 4 de la segunda colección
End Sub
```

28.78. EJERCICIO NÚMERO 78

Tipo: Colecciones y Arrays

Problema: Genere una clase llamada *clsAnimal*, que imprima los detalles de una colección formada por el nombre, la especie y la super-especie de un animal. En el módulo estándar, defina la colección y en el módulo de clase imprima los datos de dicha colección.

Soluciones: Las colecciones son una muy buena solución para almacenar objetos. Eso se debe a que las colecciones se suelen usar también para almacenar instancias de clases definidas por el usuario, lo que facilita enormemente el almacenamiento y la manipulación de datos en VBA.

Hasta ahora en una colección se han añadido cadenas o valores. Pero, en una colección también se puede añadir instancias de clases. Una posible solución sería la siguiente:

```
Option Explicit


'Módulo Estándard: coleccion Animales
Public Sub coleccionAnimales()

    Dim AnimalColeccion As New Collection
    Dim A As clsAnimal

    'Añade un nuevo animal
    Set A = New clsAnimal
    A.nombre = "Perro"
    A.especie = "Mamífero"
    A.super_especie = "Canis lupus familiaris"
    AnimalColeccion.Add A
```

```vba
    'Añade un nuevo animal
    Set A = New clsAnimal
    A.nombre = "Paloma"
    A.especie = "Ave"
    A.super_especie = "Columbidae"
    AnimalColeccion.Add A

    'Añade un nuevo animal
    Set A = New clsAnimal
    A.nombre = "Iguana"
    A.especie = "Réptil"
    A.super_especie = "Iguanidae"
    AnimalColeccion.Add A

    'imprime toda la información de los ditintos items
    For Each A In AnimalColeccion
        A.imprime
    Next A

    'Limpia la colección
    Set AnimalColeccion = Nothing

End Sub

Option Explicit

'Módulo de clase llamado clsAnimal
Public nombre  As String
Public especie    As String
Public super_especie   As String

Public Sub imprime()
    MsgBox nombre & _
    " forma parte de: " & especie & " a su vez de: " & super_especie
End Sub
```

28.79. EJERCICIO NÚMERO 79

Tipo: Colecciones y Arrays

Problema: Realice un ejercicio dónde se almacene una lista de nombres de personas dentro de una colección en VBA – EXCEL, para posteriormente recorrer la colección y mostrar dichos nombres en una ventana de mensaje. También obtenga y elimine un elemento de la colección mediante la clave e inicialmente muestre el número de elementos de la colección después de eliminar un elemento.

Solución: Una colección en VBA es una estructura de datos que permite almacenar y organizar elementos de una manera muy dinámica. Una colección es similar a un array (o arreglo) en otros lenguajes de programación, pero a diferencia de los arrays, las colecciones en VBA son de tamaño dinámico, lo que significa que pueden crecer o disminuir en tamaño durante la ejecución del código.

En una colección, los elementos se almacenan en una lista y se identifican mediante claves o índices. Cada elemento puede ser de cualquier tipo de datos, como números, cadenas de texto, fechas, objetos u otros elementos de datos. Las colecciones en VBA son objetos de la clase Collection, que proporciona métodos y propiedades para agregar, eliminar, buscar y manipular elementos en la colección.

Las colecciones son útiles para automatizar procesos en Excel. Por ejemplo, se pueden utilizar para almacenar una lista dinámica de valores obtenidos de una hoja de cálculo, para organizar objetos, como rangos de celdas o gráficos, o para almacenar y administrar datos en una estructura de datos flexible y fácil de usar en el código VBA. Las colecciones son una potente herramienta para trabajar con conjuntos de datos dinámicos y proporcionan flexibilidad en la manipulación de datos en aplicaciones de Excel automatizadas.

En una colección, cada elemento se agrega usando el método *"Add"* y se asocia con una clave que lo identifica de manera única dentro de la colección. La sintaxis general para agregar un elemento a una colección es la siguiente:

miColeccion.Add Elemento, Clave

Donde *"miColeccion"* es el nombre de la colección a la que se desea agregar el elemento, *"Elemento"* es el valor u objeto que se desea agregar a la colección, y *"Clave"* es el valor único que se utilizará como clave para identificar el elemento en la colección.

Luego, puede usar la clave *"Clave1"* para recuperar el valor *"Elemento1"* de la colección en cualquier momento posterior:

elemento = miColeccion("Clave1")

Con todo lo anterior, el ejercicio se podría solucionar de la siguiente manera:

```vba
Sub EjemploColecciones()
    ' Declarar una colección
    Dim miColeccion As Collection
    ' Crear una nueva colección
    Set miColeccion = New Collection

    ' Agregar elementos a la colección
    miColeccion.Add "Juan", "Nombre1"
    miColeccion.Add "Maria", "Nombre2"
    miColeccion.Add "Pedro", "Nombre3"

    ' Mostrar el número de elementos en la colección
    MsgBox "Número de elementos en la colección: " & miColeccion.Count

    ' Recorrer la colección y mostrar los nombres en una ventana de mensaje
    Dim nombre As Variant
    For Each nombre In miColeccion
        MsgBox "Nombre: " & nombre
    Next nombre

    ' Obtener un elemento de la colección por clave
    MsgBox "Nombre asociado a la clave 'Nombre2': " & miColeccion("Nombre2")

    ' Eliminar un elemento de la colección por clave
    miColeccion.Remove "Nombre1"

    ' Mostrar el número de elementos en la colección después de eliminar un elemento
    MsgBox "Número de elementos en la colección después de eliminar un elemento: _
    " & miColeccion.Count
End Sub
```

28.80. EJERCICIO NÚMERO 80

Tipo: Conceptos. El With anidado

Problema: Rellene las celdas de la A1 a la A500, con un valor aleatorio de entre 1 y 100. Luego, rellene su fondo con un color aleatorio y dote de propiedades al texto como cursiva, negrita, subrayado, tamaño color de letra, otros. Para ello, emplee una anidación mediante el método "with".

Solución: En varias ocasiones se ha trabajado con el método "with". Este permite referirse a único objeto sin necesidad de repetir el nombre de la variable de objeto múltiples veces. De esta forma se han evitado repeticiones y simplificado la sintaxis.

Solución simple:

La siguiente solución es la solución típica e inmediata. Como se puede observar, la propiedad Font se repite siete veces.

```vb
Option Explicit

Public Sub withAnidado()

    With Range("A1:A500")

        'Elegimos un color y número aleatorio
        .Interior.ColorIndex = WorksheetFunction.RandBetween(1, 50)
        .Value = WorksheetFunction.RandBetween(1, 100)

        .Font.Underline = True
        .Font.Bold = True
        .Font.Italic = True
        .Font.Underline = True
        .Font.Size = 15
        .Font.Color = RGB(0, 255, 10)
        .Font.ThemeFont = xlThemeFontMajor

    End With

End Sub
```

El código anterior se puede simplificar y hacer más elegante con el with anidado:

With anidado:

Las instrucciones With se pueden anidar o incluir uno dentro de la otro. De esta forma se obtiene el mismo resultado que con el with no anidado, pero con las ventajas ya comentadas.

```vb
Option Explicit

Public Sub withAnidado()

    With Range("A1:A500")

        'Elegimos un color y número aleatorio
        .Interior.ColorIndex = WorksheetFunction.RandBetween(1, 50)
        .Value = WorksheetFunction.RandBetween(1, 100)

            'Las celdas del rango tendrán
            'texto con las siguientes propiedades
            With .Font

                .Underline = True
                .Bold = True
                .Italic = True
                .Underline = True
                .Size = 15
                .Color = RGB(0, 255, 10)
                .ThemeFont = xlThemeFontMajor

            End With

    End With

End Sub
```

28.81. EJERCICIO NÚMERO 81

Tipo: Conceptos. Directivas de compilación

Problema: Realice un procedimiento que emplee constantes de compilación. Con el uso de estas constantes, muestre mediante un MsgBox, la versión de VBA.

Solución: Las constantes de compilación en VBA se utilizan para especificar la versión del lenguaje VBA y otras opciones de compilación, como la plataforma de destino. Algunas de las constantes de compilador predefinidas en VBA incluyen VBA6, VBA7, Win64, Win32, entre otras y dependen de la plataforma de desarrollo, 16, 32 o 64 bits. Este tipo de constantes son de uso exclusivo para las instrucciones #If...#Else y tienen la particularidad que son globales en su ámbito, es decir, se aplican en cualquier ubicación de un proyecto.

```
Option Explicit

Sub constantesCompiler()

    #If VBA7 Then
        ' Código específico de VBA7
        MsgBox "Ejecutando en VBA7 o posterior"
    #Else
        ' Código para versiones anteriores a VBA7
        resumsgbox "Ejecutando en versiones anteriores a VBA7"
    #End If

End Sub
```

28.82. EJERCICIO NÚMERO 82

Tipo: Conceptos. Directivas de compilación

Problema: Emplee una constante del tipo #const para ejecutar una parte específica del código dependiendo de si está en modo de depuración (debug) o en modo de producción.

Solución: En ocasiones es útil, sobre todo cuando se debe entregar un código a un cliente, hacer una serie de pruebas con un conjunto de datos reales o no, que permita verificar si el código funciona correctamente. Estas pruebas se realizan en modo "debug".

En VBA, la directiva #Const a diferencia del resto de variables, que pueden cambiar su valor durante la ejecución del código, las constantes tienen un valor fijo que se determina en tiempo de compilación y no se puede modificar durante la ejecución del programa. La sintaxis de la directiva #Const es la siguiente:

#Const NombreConstante = Valor

Donde "NombreConstante" es el nombre asignado a la constante y "Valor" es el valor que se asigna también a dicha constante. El valor puede ser una cadena de texto, un número, una fecha, un booleano, etc.

Las directivas #Const se utilizan en combinación con las directivas de compilación #If...#Else...#End If then, para condicionar la compilación de ciertas partes del código en función del valor de una constante en tiempo de compilación. Por ejemplo, como antes se ha indicado se puede usar #Const para definir una constante que determine el comportamiento de una parte específica del código dependiendo de si está en modo de depuración o en modo de producción.

```vba
Option Explicit

'asignamos a la variable un booleano
#Const ModoDepuracion = True

Sub MiMacro()

    #If ModoDepuracion Then
        ' Código específico para el modo de depuración
        MsgBox "Ejecutando en modo de depuración"
    #Else
        ' Código específico para el modo de producción
        MsgBox "Ejecutando en modo de producción"
    #End If

End Sub
```

28.83. EJERCICIO NÚMERO 83

Tipo: Conceptos: GoSub

Problema: Realice un procedimiento que ejecute código, pero que en un momento determinado salte a otra línea posterior de código ejecutando nuevas instrucciones y que una vez terminadas continúe con lo que estaba realizando. Utilice la instrucción *"GoSub"* y el empleo de etiquetas.

Solución: Para realizar este ejercicio se utilizará la instrucción *"GoSub"*. La instrucción *"GoSub"* se emplea para saltar a una localización diferente en el código, especificado por una etiqueta o número de línea dentro del procedimiento actual para luego regresar a la posición anterior y continuar con la ejecución del código. Si no se conociera la instrucción *"GoSub"*, existirían otras soluciones parecidas, en cuanto se obtendría el mismo resultado. Sin embargo, es interesante conocer esta posibilidad que ofrece VBA. Observe cómo se resuelve este problema mediante *"GoSub"*:

```vba
Option Explicit

Public Sub Example()

    MsgBox "¡Hola Mundo!"

    GoSub ejecutaAbajo

    MsgBox "¡Gracias!"

    Exit Sub

ejecutaAbajo:

    MsgBox "Hola ejecutaAbajo"

    Return

End Sub
```

28.84. EJERCICIO NÚMERO 84

Tipo: Conceptos: On...GoSub

Problema: Realice un procedimiento que ejecute código, pero que en un momento determinado salte a otra línea posterior de código ejecutando nuevas instrucciones y que una vez terminadas continúe con lo que estaba realizando. Utilice la instrucción "On...GoSub" y mediante el empleo de etiquetas.

Solución: La instrucción On...GoSub se suele usar para saltar a etiquetas o números de línea según el resultado de una expresión numérica que se evalúa como un número de entre 0 y 255 (byte). Luego de esta evaluación ejecuta el código situado en esta línea o número y luego puede volver a la posición anterior usando la instrucción *"Return"*. El empleo del *"Select Case"* es la forma más común de bifurcación.

```vb
Option Explicit

Public Sub onGoSub()

    Dim numSalto As Byte
    numSalto = 2

    On numSalto GoSub Salto1, Salto2, Salto3

    MsgBox "¡He vuelto!"
    Exit Sub

Salto1:
    MsgBox "Sub1"
    Return
Salto2:
    MsgBox "Sub2"
    Return
Salto3:
    MsgBox "Sub3"
    Return

End Sub
```

Pruebe de modificar el código, quitando o comentando el "return" del salto2. Observará que la ejecución del código no se para en ese punto, sino que pasa al salto3, finalizando con su "return".

28.85. EJERCICIO NÚMERO 85

Tipo: Conceptos: On...GoSub

Problema: Realice un procedimiento que ejecute código, pero que en un momento determinado salte a otra línea posterior de código ejecutando nuevas instrucciones y que una vez terminadas continúe con lo que estaba realizando. Utilice la instrucción "On…GoSub" y mediante el empleo de valores numéricos sin etiquetas.

Solución: El problema es muy parecido al anterior, sin embargo, aquí no se utiliza una etiqueta, sino que directamente un número que puede o no coincidir con la línea de código.

```vba
Option Explicit
Public Sub OnGoSub()

        Dim numeroSalto As Byte
        numeroSalto = 3

        On numeroSalto GoSub 55, 65, 75

        MsgBox "¡He vuelto!"
        Exit Sub

    55  MsgBox "¡Hola 55!"
        Return

    65  MsgBox "¡Hola 65!"
        Return

    75  MsgBox "¡Hola 75!"
        Return

    End Sub
```

28.86. EJERCICIO NÚMERO 86

Tipo: Conceptos: Los comodines y el operador "like"

Problema: De un texto cualquiera, indique si éste empieza por "H" mediante un cuadro de diálogo o MsgBox. Emplee comodines.

Solución: Un comodín (*) es un carácter especial que se utiliza en patrones de búsqueda o coincidencia de texto para representar cualquier otro carácter o conjunto de caracteres. El comodín más comúnmente utilizado en VBA es el asterisco (*) y se utiliza para representar cualquier número de caracteres (incluyendo cero caracteres) en una cadena de texto.

```
Option Explicit
Public Sub coincidenciaTexto()

        Dim texto As String
        texto = "Hola Mundo"

        If texto Like "H*" Then
            MsgBox "Cierto"
                Else
                    MsgBox "Falso"
        End If

    End Sub
```

El resultado de este código será "cierto", puesto que "Hola Mundo" empieza por "H". Si quisiera saber si contiene la "a" sólo hace falta hacer estos pequeños cambios.

```
Option Explicit
Public Sub coincidenciaTexto()

        Dim texto As String
        texto = "Hola Mundo"

        If texto Like "*a*" Then
            MsgBox "Cierto"
                Else
                    MsgBox "Falso"
        End If

    End Sub
```

28.87. EJERCICIO NÚMERO 87

Tipo: Conceptos: El nothing

Problema: Declare una variable de objeto "*obj*" pero sin asignarle ningún objeto, luego compruebe mediante un "if" si está asignada o no a un objeto.

Solución: El concepto de Nothing en VBA se refiere a un valor especial que se usa para representar la ausencia de un objeto válido. Es útil cuando se requiere asignar un objeto a una variable, pero no se desea que tenga una referencia a ningún objeto en particular. El nothing trabaja sólo con objetos.

```
Option Explicit

Sub EjemploNothing()
    Dim obj As Object
    Dim valor As Integer

    ' No asignar ningún objeto a la variable obj
    ' Esto la establece como Nothing

    If obj Is Nothing Then
        valor = 0
            Else
                valor = 1
    End If

    MsgBox "El valor de la variable es: " & valor

End Sub
```

28.88. EJERCICIO NÚMERO 88

Tipo: Conceptos: El nothing

Problema: En la columna "A" escriba un listado de frutas (manzana, banana, naranja, pera, etc.). Luego, escriba un código para que busque y encuentre la fruta: *naranja* si existe empleando el nothing.

	A
1	Pera
2	Banana
3	Manzana
4	Melocotón
5	Naranja
6	Plátano

Solución: Como anteriormente se ha analizado, el concepto de "Nothing" en VBA se refiere a un valor especial que se usa para representar la ausencia de un objeto válido.

```
Option Explicit

Sub BuscarFruta()
    Dim ws As Worksheet
    Dim rngFrutas As Range
    Dim frutaBuscada As Range
    Dim nombreBuscado As String
```

```
nombreBuscado = "Naranja" ' Nombre de la fruta que busca

' Establecer la hoja de trabajo y el rango de búsqueda
Set ws = ThisWorkbook.Sheets("Hoja1")
' Rango donde se encuentra la lista de empleados
Set rngFrutas = ws.Range("A:A")

' Buscar la fruta en el rango
Set frutaBuscada = rngFrutas.Find(nombreBuscado,_
LookIn:=xlValues, LookAt:=xlWhole)
' Verificar si se encontró la fruta
If frutaBuscada Is Nothing Then
    MsgBox "No se encontró la fruta " & nombreBuscado
Else
    MsgBox "Fruta encontrada en la celda " & frutaBuscada.Address
End If

' Liberar la memoria ocupada por los objetos
Set ws = Nothing
Set rngFrutas = Nothing
Set frutaBuscada = Nothing
End Sub
```

En este ejercicio, se emplea Nothing para inicializar la variable *frutaBuscada* antes de buscar el nombre de la fruta en el rango de celdas de la columna A. Si no se halla la fruta "Naranja", la variable *frutaBuscada* permanecerá como Nothing, y se puede verificar con la condición *If frutaBuscada* "Is Nothing" para mostrar un mensaje indicando que no se encontró el empleado.

Finalmente es importante liberar la memoria ocupada por los objetos asignados a variables utilizando Set y estableciéndolos como Nothing cuando ya no sean necesarios, para evitar fugas de memoria en su código VBA.

28.89. EJERCICIO NÚMERO 89

Tipo: Conceptos. Random

Problema: Genere un número aleatorio dentro de un rango de dos valores, uno mínimo y otro máximo, mediante el empleo de las funciones *Randomize* y *Rnd*. Si por error del usuario, el valor mínimo es mayor que el máximo, se generará un error.

Solución: Para la generación de números aleatorios en VBA se emplea la función *Randomize* y *Rnd*. La función *Randomize* se utiliza para inicializar el generador de números aleatorios de VBA con un valor llamado "valor semilla". Si no se proporciona ningún valor, por defecto utilizará el reloj del sistema para establecer este valor semilla de forma predeterminada. La función *Rnd* se utiliza para generar números aleatorios en función de dicho valor de la semilla establecida por *Randomize*.

Sin embargo, aunque la función *Rnd* genera números aleatorios, el algoritmo que utiliza para generarlos es pseudoaleatorio, lo que significa que los números que genera están determinados por este valor de la semilla establecido por *Randomize*. Si se establece la misma semilla en diferentes ejecuciones del programa, se generará la misma secuencia de números aleatorios.

La generación de números aleatorios no es igual en todos los sistemas operativos ni hardware. Probablemente el lector habrá escuchado hablar de un pequeño ordenador llamado Arduino. Pues, la generación de números aleatorios en Arduino se considera más aleatoria que la generación de números aleatorios en VBA de Excel.

Esto se debe a que la generación de números aleatorios en Arduino utiliza una fuente de entropía más rica que la generación de números aleatorios en VBA de Excel. Arduino utiliza entradas de hardware, como ruido en los pines analógicos, fluctuaciones en la temperatura, en los campos magnéticos, radiación cósmica y otros eventos impredecibles para generar una secuencia de números aleatorios. Estos eventos son inherentemente impredecibles y cambian constantemente, lo que hace que la secuencia de números aleatorios generados sea más aleatoria.

Por otro lado, la generación de números aleatorios en VBA de Excel se basa en un algoritmo pseudoaleatorio que utiliza una semilla inicial para generar una secuencia de números aleatorios. Aunque los algoritmos pseudoaleatorios pueden generar secuencias que parecen aleatorias, la secuencia es determinada por el valor de la semilla inicial y puede repetirse si se utiliza la misma semilla. Además, la calidad de la aleatoriedad de la secuencia puede depender del algoritmo específico utilizado. Finalmente, se puede emplear el siguiente código:

```
Public Function generarAleatorio(valorMinimo As Long, valorMaximo As Long) As Long
    If valorMinimo > valorMaximo Then
        Err.Raise 5
            Else
                Randomize
                generarAleatorio = Int((valorMaximo - valorMinimo + 1) * _
                Rnd + valorMinimo)
    End If
End Function
```

El anterior código primero comprueba que el primer parámetro sea menor al segundo. Luego, calcula la longitud del rango de números enteros entre el valor mínimo y el valor máximo, incluyendo ambos valores. Luego, se multiplica esa longitud por el resultado de la función Rnd, que devuelve un número aleatorio entre 0 y 1. El resultado se suma al valor mínimo y se trunca a un número entero utilizando la función Int() para obtener un número aleatorio entero dentro del rango especificado.

28.90. EJERCICIO NÚMERO 90

Tipo: Conceptos. Random

Problema: Realice un procedimiento que genere una secuencia de números aleatorios utilizando la función *"Rnd()"* y la función *"Randomize()"* pero que sean siempre los mismos cada vez que se ejecute el procedimiento.

Solución: Anteriormente se ha hablado del valor semilla sin emplear ningún argumento ni en el *"Rnd"* ni en el *"Randomize"*.

El resultado de *Rnd* es un número aleatorio entre 0 y 1 con una precisión de 15 dígitos decimales. Por lo que la función *Rnd* no genera suficientes números aleatorios por sí sola. *Randomize* mejora los resultados de *Rnd* y siempre se usa antes de llamar a *Rnd*.

Argumento de *Rnd*():

▸ Si el argumento es negativo *Rnd* devolverá el mismo número cada vez que se ejecute el programa.

▸ Si el argumento es cero la función *Rnd* devolverá el último número devuelto por la función *Rnd*. Si no hubiera nada anteriormente, no devolverá nada.

▸ Si el argumento es positivo o no se diera ningún argumento devolverá el siguiente número en la secuencia de números pseudoaleatorios.

```
Debug.Print Rnd(-10)  '0,3276443
Debug.Print Rnd(-1)   '0,224007
Debug.Print Rnd(0)    '0,224007
Debug.Print Rnd(1)    '3,584582E-02
Debug.Print Rnd(10)   '8,635235E-02
```

▸ *Randomize* no devuelve ningún valor.

▸ Si *randomize* carece de Argumentos entonces, utiliza la hora actual del sistema como semilla para inicializar el generador de números aleatorios.

▸ Si se proporciona un argumento numérico, empleará siempre ese argumento como semilla para inicializar el generador de números aleatorios.

▸ Después de todo lo argumentado, la solución al problema es el siguiente. Cada vez que se ejecute el código, dará los mismos resultados.

```
Public Sub repetirResultados()

    'Con un argumento negativo fijamos los resultados
    Debug.Print Rnd(-5) '0,8383257

    'Con el randomize mejoramos los resultados aleatorios
    Randomize 5

    'Cada vez que ejecutemos el programa dará lo mismo
    Debug.Print Rnd '0,9264714
    Debug.Print Rnd '0,3183454
    Debug.Print Rnd '0,319176


End Sub
```

28.91. EJERCICIO NÚMERO 91

Tipo: Conceptos. El tiempo y las fechas

Problema: Realice una ventana emergente que indique la fecha y la hora.

Solución: Existen tres funciones básicas que se deben conocer para trabajar con fechas. La primera es la función *"data"*, la cual devuelve la fecha actual. Después está, la función *"Time"* la cual devuelve la hora actual. Finalmente, la función *"Now"* devuelve la fecha y la hora actuales a la vez.

```
Public Sub elTiempoyHora()

    MsgBox "La fecha es: " & Date & " y la hora es: " & Time

    MsgBox "Pero la podemos obtener con una función: " & Now

End Sub
```

28.92. EJERCICIO NÚMERO 92

Tipo: Conceptos. El tiempo y las fechas

Problema: Convierta una fecha en formato texto (String) a formato fecha.

Solución: En VBA, puede emplear la función "CDate" para convertir una cadena de texto en una fecha. La sintaxis de la función es la siguiente: CDate(TextoComoFecha).

```
Sub conviertaFecha()

    Dim fechaTexto As String
    fechaTexto = "30/04/2023"
    Range("A1").Value = CDate(fechaTexto)

    If IsDate(fechaTexto) Then
        MsgBox "Es una fecha"
            Else
                MsgBox "NO es una fecha"
    End If

End Sub
```

Como puede observar, la variable *"fechaTexto"* contiene una cadena de texto que representa una fecha en formato cadena (String) de día/mes/año. La función *"CDate"* se utiliza para convertir esta cadena de texto en una fecha de Excel. Luego se imprime en la celda A1. Esto es imprescindible si desea hacer cálculos con fechas, puesto que sólo será posible si las fechas están en el formato correcto. Finalmente, el programa discierne si *fechaTexto* es o no una fecha con la función isDate().

28.93. EJERCICIO NÚMERO 93

Tipo: Conceptos. El tiempo y las fechas

Problema: Utilice el ejemplo anterior, para mostrar en un rango de celdas todos los posibles formatos de fechas.

Solución: Para mostrar la fecha *"fechaTexto"* en todos los posibles formatos en VBA de Excel, puede emplear la función "Format". Esta función permite dar formato a una fecha en función de la cadena de formato que se especifique.

```
Sub conviertaFecha()

    Dim fechaTexto As String
    fechaTexto = "30/04/2023"
    Range("A1").Value = CDate(fechaTexto)

    If IsDate(fechaTexto) Then
        MsgBox "Es una fecha"
            Else
                MsgBox "NO es una fecha"
    End If

    Range("A2").Value = Format(fechaTexto, "dd/mm/yyyy")
    Range("A3").Value = Format(fechaTexto, "dd-mm-yyyy")
    Range("A4").Value = Format(fechaTexto, "dd.mm.yyyy")
    Range("A5").Value = Format(fechaTexto, "dd/mm/yy")
    Range("A6").Value = Format(fechaTexto, "dd-mm-yy")
    Range("A7").Value = Format(fechaTexto, "dd.mm.yy")
    Range("A8").Value = Format(fechaTexto, "mmm dd, yyyy")
    Range("A9").Value = Format(fechaTexto, "mmmm dd, yyyy")
    Range("A10").Value = Format(fechaTexto, "dddd, mmmm dd, yyyy")
    Range("A11").Value = Format(fechaTexto, "dd/mm/yyyy hh:mm:ss")

End Sub
```

28.94. EJERCICIO NÚMERO 94

Tipo: Conceptos. El tiempo y las fechas

Problema: Realice un programa para que una aplicación en VBA de Excel se pause durante unos segundos. Emplee la función *"timer"*.

Solución: La función *"Timer"* se emplea para obtener el tiempo actual en segundos. Luego se utilizará un bucle *"Do While"* para esperar que el tiempo actual sea X segundos mayor que el tiempo inicial.

```vba
Option Explicit

Public Sub TimeSleepProcedure()

    MsgBox "He descansado: " & dormir(4) & " segundos."

End Sub

Function dormir(Segundos As Long) As Long
    Dim tiempo As Single
    tiempo = Timer
    Do While (Timer - tiempo) < Segundos
        'esperar
    Loop
    dormir = Segundos
End Function
```

Se puede realizar lo mismo con la instrucción Application. Wait (Now + TimeValue("0:00:04")) la cual indica que la aplicación debe esperar cuatro segundos antes de continuar la ejecución del código.

```vba
Sub sleepFewSeconds()
    Application.Wait (Now + TimeValue("0:00:04"))
End Sub
```

28.95. EJERCICIO NÚMERO 95

Tipo: Conceptos. El tiempo y las fechas

Problema: Ejecute un procedimiento cada cierto periodo de tiempo. Emplee el método *"Application.OnTime"*.

Solución: Para que un procedimiento determinado se ejecute pasado un periodo de tiempo, se puede emplear el método *"Application.OnTime"*. Es cierto que se podría emplear otras formas de realizar lo mismo, pero VBA ofrece esta sencilla solución:

```vba
Option Explicit

Public Sub programarTareas()
    Application.OnTime Now + TimeValue("00:00:04"), "ejecutaProcedimiento"
End Sub

Public Sub ejecutaProcedimiento()
    MsgBox "¡Buenos días!"
End Sub
```

28.96. EJERCICIO NÚMERO 96

Tipo: Conceptos. El Assert

Problema: Compruebe mediante el objeto *"debug"* y el método *"assert"*, si las siguientes afirmaciones son verdaderas: el cinco es mayor que el cuatro y diez es menor que cinco. Si la expresión es verdadera, continúe ejecutándose el código. En caso contrario, interrumpa la ejecución. Interrúmpase la ejecución también con un cero y nulo.

Solución: El *"Debug.Assert"* se utiliza para asegurarse que una determinada expresión o condición sea verdadera durante la ejecución del programa. Si la expresión es falsa o nula, el programa se detendrá y se mostrará un mensaje de error para ayudar en la depuración.

```vba
Public Sub debugAssert()

    Debug.Assert 5 > 4
    Debug.Assert 10 < 5    'Código interrumpido
    Debug.Assert 0         'Código interrumpido
    Debug.Assert Null      'Código interrumpido

End Sub
```

La declaración Debug.Assert es una herramienta de depuración muy útil que se utiliza para hallar errores en el código y asegurarse de que ciertas condiciones se cumplan durante la ejecución del programa. Cuando se utiliza Debug.Assert, se especifica una expresión que se espera que sea verdadera y, si la expresión es falsa, nula o cero, el programa se detendrá en ese punto y se mostrará un mensaje de error para ayudar en la depuración del código.

28.97. EJERCICIO NÚMERO 97

Tipo: Conceptos. El Stop

Problema: Realice un programa el cual sume los valores de las celdas seleccionadas en un rango, pero si el valor de una de las celdas es "Stop", se detenga la ejecución del código.

Solución: Para detener la ejecución de un programa en VBA de Excel se puede emplear la instrucción "Stop". Esta instrucción se puede situar en cualquier lugar del código donde desee que el programa se detenga.

El siguiente código recorre todas las celdas utilizadas en la hoja activa y si encuentra la palabra "stop", detiene la ejecución del programa.

```vba
Sub DetenerPrograma()

    Dim celda As Range
    Dim suma As Double

    For Each celda In ActiveSheet.UsedRange

        If celda.Value = "stop" Then
            Stop ' detiene la ejecución del programa
                Else
                    suma = suma + celda.Value
        End If

    Next celda

    MsgBox suma

End Sub
```

28.98. EJERCICIO NÚMERO 98

Tipo: Conceptos. Sombreado de nombres

Problema: Genere un caso de "*sombreado de nombres*" (en inglés "*Name Shadowing*") creando un procedimiento en un módulo y definiendo una variable local y global con el mismo nombre "*MiVariable*".

Solución: El sombreado de nombres (*Name Shadowing*) en VBA es el hecho de definir con el mismo nombre una variable local y global o un objeto de la biblioteca de objetos de Excel.

```
Public MiVariable As Integer


Sub MiSub()
    Dim MiVariable As String
    MiVariable = "Esto es una cadena"
End Sub
```

En este caso, la variable local "MiVariable" sombrea la variable global del mismo nombre. Cuando se hace referencia a "MiVariable" dentro del procedimiento "MiSub", se hace referencia a la variable local en lugar de la variable global. Por lo tanto, cualquier operación realizada en "MiVariable" dentro de "MiSub" solo afectará a la variable local y no a la variable global.

Para evitar problemas de sombreado de nombres, es una buena práctica utilizar nombres de variables descriptivos y únicos en todo el proyecto de VBA. Otra solución es calificar completamente el nombre de la variable. Para ello incluya el nombre del módulo donde se declara la variable seguido del operador punto (".") seguido del nombre de la variable.

Por ejemplo: *modulo1.variablePublica*

28.99. EJERCICIO NÚMERO 99

Tipo: Conceptos. Procedimientos con parámetros

Problema: Realice un procedimiento que reciba como argumento dos valores enteros, los sume y los muestre en pantalla.

Solución: El problema solicita que se debe programar un procedimiento que reciba dos argumentos, por ejemplo, *num1* y *num2* de tipo entero y posteriormente muestre el resultado. Para ello, se puede escribir un procedimiento "Main", que será el procedimiento principal y llamará al procedimiento "sumar" con valores de argumentos obtenidos del usuario empleando la función "InputBox". Los valores introducidos por el usuario son pasados como argumentos al procedimiento "Sumar" al llamarlo con sumar num1 y num2.

```vb
Option Explicit

Sub sumar(ByVal num1 As Integer, ByVal num2 As Integer)

    Dim resultado As Integer
    resultado = num1 + num2
    MsgBox "el resultado de la suma es: " & resultado

End Sub

Sub main()

    Dim valor1 As Integer
    Dim valor2 As Integer

    valor1 = InputBox("introduzca el primer valor:")
    valor2 = InputBox("introduzca el segundo valor:")

    valor1 = Int(valor1)
    valor2 = Int(valor2)

    sumar valor1, valor2

End Sub
```

Hasta ahora los procedimientos que vistos no trabajaban con argumentos. Mediante este ejercicio puede ver que al llamar a un procedimiento "Sub" o "Function" se puede proporcionar argumentos en el orden mostrado en la propia definición del procedimiento o si lo deseara podría realizarlo con argumentos con nombre.

28.100. EJERCICIO NÚMERO 100

Tipo: Conceptos. Procedimientos con parámetros

Problema: Repita el anterior problema, pero esta vez empleando argumentos con nombre.

Solución: Utilizar argumentos con nombre puede ser muy interesante cuando se emplea una gran cantidad de parámetros, especialmente cuando se realizan llamadas a procedimientos con parámetros opcionales. Además, facilita la trazabilidad de los argumentos pasados y omitidos.

```vb
Option Explicit

Sub sumar(ByVal num1 As Integer, ByVal num2 As Integer, _
  ByVal num3 As Integer, ByVal num4 As Integer)

    Dim resultado As Integer
    resultado = num1 + num2 + num3 + num4
    MsgBox "el resultado de la suma es: " & resultado

End Sub

Sub main()

    Dim valor1 As Integer
    Dim valor2 As Integer
    Dim valor3 As Integer
    Dim valor4 As Integer

    valor1 = InputBox("introduzca el primer valor:")
    valor2 = InputBox("introduzca el segundo valor:")
    valor3 = InputBox("introduzca el tercero valor:")
    valor4 = InputBox("introduzca el cuarto valor:")

    valor1 = Int(valor1)
    valor2 = Int(valor2)
    valor3 = Int(valor3)
    valor4 = Int(valor4)

    sumar num2:=valor2, num1:=valor1, num4:=valor4, num3:=valor3

End Sub
```

En el anterior ejemplo, se ha aumentado a cuatro el número de argumentos para mostrar que el orden de los argumentos no altera el resultado ni produce ningún error siempre y cuando el parámetro esté correctamente nombrado y esté seguido de dos puntos y un signo de igual (:=).

29. BIBLIOGRAFÍA

[1]. Desarrollar soluciones y personalizar Excel: https://learn.microsoft.com/es-es/office/client-developer/excel/excel-home?redirectedfrom=MSDN

[2]. Apuntes y notas personales

[3]. MS Excel. Referencia de VBA para Excel: https://learn.microsoft.com/es-es/office/vba/api/overview/excel

[4]. Web de tecnología, programación e informática. Especialistas en desarrollos de aplicaciones móviles, soluciones para microcontroladores y automatizaciones:

https://www.joober.eu

29. 1. Palabras Clave

VBA, Visual, Basic, Applications, Excel, developer, ordenador, computadora, algoritmo, programación, clases, objetos, macro, propiedades, métodos, grabar, celda, funciones, buscarv, activecell, offset, filtro, for, next, OnKey, set, each, While, Lopp, Do, miembros, USerForm, label, ComboBox, RefEdit, ThisWorkbook, ActiveX, argumentos, parámetros, ByVal, bit, byte, octeto, hexadecimal, binario, lenguajes, código, ASCII, formulario, String, procedimientos, modulo, RefEditCtrl, sub, ByRef, intersect, colorear, variable, Ubound, juegos, pong, tele-pong, API